Okko Herlyn

Wie sollet sein?

Näheres vom Niederrhein und anderswoher

Okko Herlyn, Jahrgang 1946, aufgewachsen in Ostfriesland, im Niederbergischen und am Niederrhein, zunächst Gemeindepfarrer in Duisburg-Wanheim, später Professor für Theologie in Bochum, zudem häufig unterwegs als Kabarettist und literarischer Kleinkünstler.

Für seine Texte und Lieder wurde Herlyn verschiedentlich ausgezeichnet, u. a. mit dem niederrheinischen Literaturpreis „Dormagener Federkiel“ und dem „Oberhausener Literaturpreis“. Mehrfach war er bereits in Funk und Fernsehen zu hören und zu sehen.

Okko Herlyn

Wie sollet sein?

Näheres vom Niederrhein und anderswoher

Mercator

Texte: Okko Herlyn
Lektorat: Susanne Schulten
Korrektorat: Susanne Nagels

Bibliografische Information der Deutschen Bibliothek
Die Deutsche Bibliothek verzeichnet diese Publikation in der Deutschen Nationalbibliografie; detaillierte bibliografische Daten sind im Internet über http://dnb.ddb.de abrufbar.

Verlag Fachtechnik + Mercator-Verlag, Duisburg
www.mercator-verlag.de

Umschlaggestaltung: Typometris GmbH, Münster
Layout: Sabine Ernat
Druck: CPI – Ebner & Spiegel, Ulm
ISBN 978-3-87463-516-5

Inhalt

MARKE „NIEDERRHEIN“

Verzeihung
wenn ich unterbreche
ich hab soeben draußen frisch
noch einmal einen aufgebrüht
er war im Sonderangebot
gleich steht er dampfend auf dem Tisch:

bekömmlich
Marke „Niederrhein“
leicht aromatisch mild morbid
die Kanne an den Rand gefüllt
mit kittelreiner Denkungsart
ein bisschen Recht ist auch dabei
und zwar das was man immer hat

verträglich und charakterschonend
Gesinnung und Betroffenheit
ein wenig Großraumoffensive
Verachtung Angst vor Andrem Fremdem
dazu ein Gran Betulichkeit
all das ist in der Kanne drin

viel Kinderzucht und Eternit
Last mit der Luft und dumpfes Sehnen
hier Nabelblick dort Hintersinn
Humor in schmucken Sammeltassen
ein Ballermann und ein Biskuit
manch Besserwissen Richten Rümpfen
Vereinsansichten Quotendenken

Janker Jeans und blaue Strümpfe
Thomapyrin
Alternativen
durchwärmter Überzeugungssud
preisgünstigere Sinnestiefen
Einblick in das was falsch und gut

ein oder anderes Marottchen
es wird gewiss so schlimm nicht sein
Hallöchen!
Zigarettchen?
Gottchen!

Nun – darf 's vom guten „Niederrhein"
wohl noch ein kleines Tässchen sein?

Tja warum nicht?
Schenk man noch ein.

ACH, WISSEN SIE, HERR HERLYN

Ach, wissen Sie, Herr Herlyn, etwas Heiteres sollte es schon sein. Okay, okay, Sie wollen nicht mit diesen oberflächlichen Comedy-Heinis auf eine Stufe gestellt werden. Kann ich nachvollziehen. Aber verstehen Sie mich recht: Die Leute, die zu uns kommen, die haben gutes Geld bezahlt. Für anständige, gehobene, professionelle Unterhaltung. Ist das so verwerflich? Hören Sie mal, das sind alles Menschen, die haben ihren Acht-Stunden-Tag hinter sich. Die wollen nicht noch abends zusätzlich mit Gesundheitsreform und Tornadoeinsatz in Afghanistan moralisch zugelabert werden. Die wollen einfach nur mal ein bisschen entspannen. Einfach nur mal die seelische Hängematte rausholen und sich mit einem vergnüglichen Programm bedienen lassen.

Gut, so ein wenig politisch sollte es hier und da schon sein dürfen. Können Sie nicht mal den Stoiber parodieren? Wie der immer im Fernsehen … Nein, war jetzt nicht so gut. Den kennt man ja kaum noch. Und politisches Kabarett sollte immer schon auch ein bisschen aktuell sein. Finde ich jedenfalls. Oder hier mal so richtig über Frau Merkels Outfit ablästern. Bayreuth kürzlich, ging ja gar nicht. Was? Wär' schon abgenudelt? Okay, war ja jetzt nur mal so 'n Beispiel. Oder wie wäre es mit ein paar Schwulenwitzen? Die kommen doch immer an. Treffen sich Wowereit, Westerwelle und Ole van Beust in der Sauna. Sagt der Wowereit … Wie? Das wär' schon im Ansatz diskriminierend? Hören Sie mal.

Politisches Kabarett. Das muss schon mal ein bisschen wehtun. Aber okay, ich merke schon, das ist nicht so Ihr Ding. Vielleicht haben Sie sogar recht. Man weiß ja auch nie, wer im Publikum sitzt.

Apropos Witze. Bitte nichts unter der Gürtellinie: Ich hab da vor Jahren mal so einen Auftritt mit den … wie hießen sie noch, dieses Frauenduo da aus Oberhausen. Na egal. Fällt mir gleich wieder ein. Gruselig, kann ich Ihnen nur sagen. Ganz gruselig. Einmal hat mir das nicht gefallen, wie die da immer auf den Männern rumgehackt haben. Da musste man sich ja am Ende bald vorkommen, als wär' man nur noch das Schwein. Okay, war wahrscheinlich auch so ein bisschen ironisch gemeint. Aber, ehrlich gesagt, lachen konnte ich nicht drüber. Und dann immer diese schlüpfrigen Anspielungen. Man denkt als Mann da ja immer: dass die das als Frauen so alles wissen, mein Gott. Also, um es kurz zu machen: keine Sauereien auf der Bühne. Gerne hinterher. Beim Bier oder so. Hab ich überhaupt nichts gegen. Aber bitte nicht im offiziellen Programm. Wir sind hier schließlich nicht auf St. Pauli.

Oder mal was ganz anderes: Kirche, Religion. Ich hab da kürzlich so einen dollen Satz gelesen. Die Frage war, ob der liebe Gott Humor hätte. Und da schrieb doch eine Leserin: Der müsste doch schon deshalb sehr viel Humor haben, weil anders die Erschaffung des Menschen nicht zu erklären sei. Klasse, ne? Also, da täten Sie mir ja geradezu einen persönlichen Gefallen mit.

Vielleicht eine kleine Parodie auf einen Familiengottesdienst. Oder ein Schwank aus dem Presbyterium: Frau Kanzelschwalbe beantragt ein Paar neue Socken für den Herrn Pfarrer, da dieser sonst … Was? Wär' nicht witzig genug? Na, hören Sie mal, mein Lieber. Da gibt es aber inzwischen eine ganze Szene, die damit Geld verdient. Wie? Nicht Ihr Ding? Also gut, lassen wir das.

Aber was ist mit Niederrhein und so? Wär' das nicht was für den Abend? Mundart kommt immer gut. Vor Jahren war ja mal der Hüsch hier. Niederrheinische Schnulze, Beerdigungsnachfeier und der liebe Gott in der Dinslakener Wäscherei. „Der Niederrheiner weiß nix, kann aber alles erklären." Mein Gott, wat ham wer gelacht. Sie sind doch auch von da. Können Sie das nicht mal so 'n bisschen: „'N Abend zusammen, rief man über den Zaun …" Kabarett vom Allerfeinsten, kann ich Ihnen sagen. Deutscher Kleinkunstpreis. Bundesverdienstkreuz. Ehrengrab in seiner Heimatstadt. Übrigens, wenn Sie mal hinkommen: Hülsdonk, Hauptfriedhof. Linker Hand, dritter oder vierter Querweg. Tja, das war noch einer, der verstand sein Handwerk.

Aber Sie, Herr Herlyn, Sie drittklassiger Provinzkomiker, Sie, Sie epigonaler geistiger Erbschleicher, Sie, Sie unpolitischer, humorloser, klerikaler Dünnbrettbohrer, Sie Betroffenheitsdilettant, Sie, Sie … wollen hier auf meine gute Bühne, auf meine heiligen Bretter? Verstehen Sie überhaupt was von Kleinkunst, von gehobener Literatur, von, von Dichtung und Wahrheit? Können

Sie überhaupt dichten? Ich meine, so richtig mit Reim am Ende und so. Wie bei Wilhelm Busch: „Und die Mutter blicket stumm auf dem ganzen Tisch herum …“ Was? Wär’ gar nicht von Busch? Ach, Sie, Sie Besserwisser, Sie. Sie wissen doch gar nichts. Jedenfalls wenn Sie schon meinen, die Öffentlichkeit unbedingt mit Ihren pseudointellektuellen Weisheiten beglücken zu müssen, lassen Sie in Zukunft bitte, bitte meinen geliebten Niederrhein aus dem Spiel. Davon haben Sie nämlich offensichtlich überhaupt keine Ahnung.

’TÜRLICH – NIEDERRHEIN

Wenn dir ein wenig Weile bleibt,
weil dein Daheim dich kalt vertreibt,
du einfach auf ’ne Nasenlänge
vor Windelflut und Ehe-Enge
dich flüchtest, schlichtweg mal verschwindest,
weil du den Tag zum Fluchen findest,
dann drück dich – stumm wie eine Tasse –
in eine graue Nebenstraße.

Erwirb alsbald ein lecker Teilchen,
üb mit den kleinen Mädchen Seilchen,
blick hoch an holzgeschwungnen Türen,
lass dich von stroh’nen Sternen rühren,
die an vergess’nen Fenstern fächeln,
unschuldig dir entgegenlächeln.

Dann schau in einen krummen Garten,
zähl die erfror’nen Äpfelarten,
entziffere ein altes Schild,
das mit Vergangenem dich füllt.

Bist du fürs Heute dann bereit,
so hör für eine kurze Zeit
auf jene rosenglatten Frauen,
die dick von ihren Simsen schauen.

Und wenn an Zäunen, Mauern, Pforten
man dich umgibt mit weichen Worten,
sich nennt mit warm vertrauten Namen,
dann weißt du: ’türlich – Niederrhein. Amen.

WO MÜSSENSE HIN?

Wenn Sie mal jemals an den Niederrhein kommen sollten, tun Sie mir bitte einen Gefallen: Fragen Sie am Niederrhein bitte nie jemanden nach dem Weg. Es sei denn, Sie wollen alles über die körperlichen Beschwernisse der näheren und ferneren Verwandtschaft in Erfahrung bringen. Oder die aktuellen Aussichten auf dem örtlichen Verlobungsmarkt. Oder die mittelfristigen Pläne zur Sanierung der maroden Kasse in irgendeiner Schützengilde von 1910.

Aber wehe, Sie wollen einfach nur mal wissen, wie man am besten – sagen wir mal – zur Grefrather Straße kommt. „Wo müssense denn da genau hin?" Was da an allzeit bereiter Anteilnahme dem Ortsunkundigen entgegenwogt, entpuppt sich alsbald als jene genuin niederrheinische Art der Mitteilsamkeit, die kein Erbarmen kennt.

„Zum Kolpinghaus müssense? Kannich Ihn saren. Passen Se auf. Dat is eigentlich ganz einfach. Können Se gar nich verfehln. Da fahren Se am besten hier die eine Straße … Moment, wie heißt die noch gleich? Kommich doch getz nich drauf. Dat kann doch getz nich. Herta, sach du doch au mal wat. Wie – weiß ich au nich, weiß ich au nich. Kann ich mir au nix für kaufen: Weiß ich au nich. Aber is ja au egal. Die Straße jedenfalls fahrn Se am besten immer geradeaus, bis Se … ja, genau, wo früher die Heißmangel war. Ja, Moment.

Wo kommense denn überhaupt her? Von Duisburch? Dat is ja 'n Dingen. Da hat ja vor Jahren mal ne Schwägerin von mir gewohnt. Kennse vielleicht. So ne ganz Zierliche war dat. Hörn Se mal, die hat ja so 'n Pech gehabt. Dat glaubense gar nich. Aber wennse se sehn, kennse se bestimmt. Also von Duisburch. Dann is dat Ganze gar kein Problem. Sie kommen ja von der B 9, fahrn dann linker Hand in die Uedemer Straße, bisse nich mehr weiterkönnen. Und da an der Ecke … genau, wo der Hermann Huisken mit seim Anbau dran is. Hörn Se mal, wenn Se mich fraren, dä is doch schon seit Monaten dran damit. Wat sarrich? Seit Jahren. Dä wird doch gar nich feddich damit. Getz meinter neulich noch, dat täter alls nur für sein klein Enkel. Jou, dä Ullich vonne Manuela. Als wennet sich darum ging. Die machen mir heutzutage sowwiso vielzeviel Gedöne um de Blagen. Hier 'n Schachcomputer. Da 'n Lederjäcksken. Mofa mit 14 Jahrn. Wat hätten se uns denn dammals erzählt? Sehnse. Und geschadet haddet au keim. Kucken sich doch 'n Hoschi Kleineveen an. Mit 42 Herzklabastern. Dä is doch völlich durche Bohnen, dä Mann. Nun issem auch noch de Frau weggelaufen. Nä, wennich dran denk …"

Tja, Stunden später sind Sie mit allem Wissenswerten über Leben und Sterben im Umkreis einer Wäscheleine gründlichst versorgt. Wo der Hein Osterholt seinen Wohnwagen untergestellt hat. Und wann „se" endlich mit der Kanalisation fertig sein wollen. Und was die kleine Rothaarige vom Bramschen Hof jetzt eigentlich macht. Weiß das jemand? Die hat doch damals zur Konfirmation das blaue Fahrrad gekriegt. War schon am zweiten Tag ’n Platten drin. Geht eigentlich gar nicht. Und noch eins: Dass die Liegefrist für Tante Reinhild hier auf dem Friedhof noch einmal verlängert werden soll.

Nur – wie Sie auf dem schnellsten Weg zur Grefrather Straße kommen, da fragen Sie am Niederrhein besser keinen nach.

HIER BIN ICH ZU HAUS

(auch zu singen nach der Melodie „Summertime“)

Niederrhein
und der Himmel hängt träge
schleppender Nebel
singt seinen Blues
Weiden verschwimmen
in schweren Weiten
doch gerade dann spür ich
hier bin ich zu Haus.

Deiche und Krähen
die Kneipe am Abend
Familiengeschichten
über den Zaun
verschwiegene Tragödien
in hinteren Stuben
doch gerade dann spür ich
hier bin ich zu Haus.

Dichter und Narren
im Totentanzreigen
Spötter und Beter
teilen den Hof
Träume zerstranden
an Einbau und Küchen
doch gerade dann spür ich
hier bin ich zu Haus.

Lass uns hier bleiben
den Tag versäumen
gib allen Gedanken
ein gutes Standby
bis uns der Morgen
als Fremde vorfindet
doch gerade dann spür ich
hier bin ich zu Haus.

NUR AUF DURCHREISE

Ich weiß nicht, wie viele Beziehungen schon an der Frage zerbrochen sind, wo der Niederrhein eigentlich anfängt. Rund um Moers ist man z. B. der Meinung, dass der Niederrhein so ungefähr in Höhe Schwafheim beginnt und wahrscheinlich kurz hinter Repelen auch schon wieder aufhört. Andere, die in der weiten Welt bereits ein bisschen weiter herumgekommen sind, verweisen demgegenüber gerne auf ein „1. Niederrheinisches Karnevalsmuseum" in Duisburg oder ein leibhaftiges „Niederrheinstadion" in Oberhausen. Die Moerser sollten sich man nicht so haben. Schließlich habe man noch bis vor Kurzem selbst in Voerde etwa hinter dem Ortsnamen auf Bahnsteig 2 ein deutliches „Ndrrh." entziffern können.

Wer allerdings seinerzeit in Erdkunde ein wenig aufgepasst hat, macht für gewöhnlich geltend, dass topographisch gesehen eigentlich nur die „Niederrheinische Bucht" als Identität stiftende Einheit einen Sinn macht. Eine Äußerung, mit der man sich beispielsweise in Königswinter oder Eschweiler auch nicht gerade Freunde macht. Einfacher, so scheint es, haben es da schon die Anhänger des Obergärigen, indem sie schlicht den Übergang von Kölsch zu Alt zur niederrheinischen Demarkationslinie erklären. Wobei sie sich natürlich sogleich den Zorn der rechtsrheinischen Köpi-Gemeinde zuziehen.

Es ist zum Heulen. Zwischen Gellep und Ginderich, Krudenburg und Niederkrüchten geht seit alters der Streit um die korrekte niederrheinische „Corporate Identity“ quer durch Ehen und Beziehungskisten, Kantinen und Stammkneipen, Frauenhilfen und Schützenbruderschaften. „Solle mer ihn rinlote?“ Diese ursprünglich sicher eher jeckenhaft gemeinte Frage ist manchem zwischen Anholt und Hülchrath schon zum soziokulturellen Damoklesschwert geworden. Beneidenswert, wer da seit Generationen nahe der Bönninghardt wohnt und sein niederrheinisches Selbstwertgefühl vor allem aus dem Verzehr von sesshaftem Speckpfannekuchen und Endivien untereinander bezieht.

Und was sagt er dazu? Er plätschert ruhig vor sich hin und sagt verschmitzt: Schweizerisch ist meine Quelle und holländisch meine Mündung. Streckenweise grenze ich ans Französische und habe auch sonst schon Einiges mitgekriegt im Leben: sonnige Weinberge, abgebrochene Burgen, zeitweise ganze Regierungsviertel. Ihr lieben Streithähne und -hennen am Niederrhein, ich, der Niederrhein selbst, bin hier nur auf Durchreise.

WIE GUTE, LANGE GESPRÄCHE

Wanderungen am Niederrhein
sind wie gute, lange Gespräche

mit sachte sich öffnenden Fenstern
und einem flugs entwischenden Gemüt
weit in den lichten Himmel der Ungeduld
und wieder zurück
zur nassen lastenden Erde

irgendwo
zwischen fahriger Bläue
und klumpiger Scholle
wunderlichen Lebensgespinsten
und niedergelassenen Ansichten

doch immer in der Gewissheit
dass es da
ein Zuhause gibt.

NICHT RUMELN. KALDENHAUSEN!

Also, ich komme ja jetzt aus Rumeln. Rumeln-Kaldenhausen, richtiger gesagt. Eigentlich ja Duisburg-Rumeln-Kaldenhausen. So wie man es auf der A 57 klar und deutlich lesen kann. Abfahrt Moers-Kapellen, wenn Sie mal zufällig Richtung Kamp-Lintfort zu tun haben sollten.

Rumeln-Kaldenhausen also. Tja, wie soll ich das näher beschreiben? Also, die Rumelner und die Kaldenhausener, die lieben sich ja, unter uns gesagt, heiß und innig. Das ist ungefähr so wie die Untermeidericher und die Obermeidericher. Neukirchener und Vluyner. Israelis und Palästinenser. So in etwa müssen Sie sich das vorstellen.

Oder wie neulich, als ich auf dem Mühlenwinkelsweg zufällig die Frau van Eyckschen traf. Altes Rumelner Geschlecht. Schönes Haus, hinten durch „An den Siffen". Allein dieser Straßenname hätte mir Vorwarnung genug sein sollen.

„Ach", sagte ich noch so, „was ich Sie immer schon mal fragen wollte, Frau van Eyckschen, Sie sind doch alte Rumelnerin, soweit ich das weiß." „Nein, wie kommen Sie denn da drauf? Wir wohnen hier erst seit '52. Im Grunde haben wir mit der Gegend hier gar nichts zu tun." Ein leicht beleidigter Unterton war kaum zu überhören. „Ach so", sagte ich beschwichtigend, dann kommen Sie ursprünglich gar nicht aus Rumeln?" „Um Gottes Willen! Wo denken Sie hin? Alles, nur das nicht", brach es nun tief gekränkt aus ihr hervor.

Meine Güte, dachte ich noch so, in was für ein Fettnäpfchen bist du da wieder getreten? Wo mochte die gute Frau herkommen? Vielleicht aus Krefeld? Gar Düsseldorf? Hamburg, München, Stuttgart, Berlin? Paris, Mailand, San Remo, London, Moskau, Tokio, Chicago, New York?

„Tja, wir sind ja ursprünglich von Kaldenhausen."

MEIN HERD UND HEIM

(auch zu singen nach der Melodie „Makin' Whoopee“)

Mein Herd und Heim
mein Lebensreim
Hecke und Garten
der Sonntagsbraten
Blümchengardine
Pils und Pantine
Liebe auf Raten.

Luft feucht und dick
manch stilles Glück
beim Rätselraten
statt Heldentaten
nur Brüderschaften
die zweifelhaften
bei Korn und Karten.

Unmerkliche Gerüchte
meist hinter Zaun und Hand
wer leben will der richte
nur nicht zu penetrant.

An Heim und Herd
so manches gärt
zu Attentaten
doch nur privaten
so bleibt's am Tresen
bei kühnen Thesen
den obligaten.

KLARE VERHÄLTNISSE

Wissen Sie, was ich am Niederrhein so schön finde? Dass da die Verwandtschaftsverhältnisse alle so klar geregelt sind. Wenn Sie mal woanders hinkommen, was ist das oft für ein Durcheinander. Furchtbar.

Hier, wo war es letztens noch? Richtig. In Castrop. Bei der Silberhochzeit von Karl und Gerti. Genau, meine Cousine mütterlicherseits zweiten Grades. Also, was sind die sich da an die Köppe gekommen, nur weil keiner mehr durch die Verwandtschaft am durchblicken war. Der Karl war nämlich die ganze Zeit dran, dass der Onkel Waldemar aus Langendreer 'n angeheirateter Neffe von der alten Großtante Sophie war. Die dann ja übrigens später ins Altersheim nach Stiepel gekommen ist. Nur so nebenbei: Wenn Sie mal hinkommen – schön da. Wirklich schön. Die machen es auch ein bisschen nett. Schon mal 'n Blümsken auf'm Tisch. Blatt Salat abends an den Käse gelegt. Ich sag immer: Das Auge isst doch auch mit. Aber egal.

Also, war der Karl immer dran: „Ich sarret euch, ich sarret euch, dä Onkel Waldemar, dat muss 'n Neffe von der alten Tante Sophie gewesen sein. Anders geht dat doch gar nich." Ja, und dann hielt er 'n Vortrag. Von Ruhrort bis Reken. Von Aplerbeck bis Alstaden. Nur mit der Gerti hatte er natürlich nicht gerechnet. „Wat bis du doch für 'n Döskopp", sagt die ihm doch glattweg auf der eigenen Silberhochzeit ins Gesicht. „Dat kann doch schon deshalb nich, weil …" Und dann war sie am erzählen. Zwei Stunden später waren alle Klarheiten beseitigt. Und die Silberhochzeit war gelaufen.

Aber das wollte ich eigentlich gar nicht sagen. Ich wollte sagen, wie schön es ist, dass einem so was am Niederrhein gar nicht passieren kann. Da sind die verwandtschaftlichen Verhältnisse nämlich alle klar geregelt. So, dass jeder durchblickt.

So wie neulich, als ich noch abends an die Bude musste. Kasten Wasser holen. Wir waren ja morgens einkaufen gewesen, alles fürs Wochenende besorgt. Nur an das Wasser hatte natürlich kein Mensch gedacht. Ich also noch mal abends an die Bude. Steht da der Gerd. Gerdchen Heckmann.

„Wie gehdet denn deiner Omma?", sag ich noch so zu ihm. „Ja, Moment, welche Omma meinze denn getz?", meint er. „Omma Bruckschen oder Omma Borgschen?" „Nein", sag ich, „ich mein die Omma, die gar nich dein richtige Omma is. Die da bei euch oben im Haus wohnen tut. Wo de nur immer Omma für am sagen bis." „Ach so", meint der Gerdchen, „getz weiß ich überhaupt, watte meinz. Omma Fine. Jo, wat sollich sagen? Der gehdet soweit ganz gut.

Dat is ja ne geborene Verfürth. Dä Mann davon is ja schon lange tot. Solang ich zurückdenken kann. Heintges, Erwin Heintges, genaugenommen. So 'n Großer,

Stattlicher war dat. Hörma, wenne dem die Hand gabs, konnze anschließend die Finger nachzählen. Aber eine Seele von Mensch. Eine Seele von Mensch. Ja, dä war ja in erster Ehe mit der Käthe Lufen verheiratet. Wie, kennze nich mehr? Dat war sone Kleine, ganz Lustige, schwarzhaarig. Wat konnte die lachen, mein Gott, da wurdste echt rammdösig.

Und die Cousine von der, nä, nich die Thilde Hagenacker, die auch, aber die mein ich getz gar nich mal. Ich mein getz die Luzie Jeurissen. Jou, die konnt doch immer so viel Eis essen. Auf einmal so 'n Berg. ‚Kind, da krisse Läuse von', war die Mutter von ihr immer dran. Aber da hat die ja keine Verträge mit gehabt. Genau wie später ihr Neffe, dä Paul van Bebber. Jo, der im Kirchenchor die Noten unter sich hatte.

Dat war übrigens, lass mich nicht lügen, 'n angeheirateter Cousin von dem Hans-Ludwig Vieten. Nä, nich Vieten. Wat erzähl ich denn für 'n Driss. Driesen. Lutz Driesen. Genau. Die wohnten ja damals anne Issumer Straße, später Veener Weg. Ja, exakt, neben Tenbrink. Nein, nich Johann, der is ja schon lange nich mehr. Rudolf. Rolli Tenbrink. Wie, sacht dir nix? Mein Gott, der war doch immer mit dem Hermann Kämpken zusammen. Ja und davon die Schwägerin, dat is die Lisbeth Gertgens vonne Kappellener Straße.

Und die Stiefschwester davon, dat is die Tante Trud. Genau, die mit dem Frankfurter Kranz. Jo, da hättze dich aber reinsetzen können, so tat der schmecken. Trud, Tante Trud. Eigentlich ja Gertrud, aber so hieß ja schon die Gertrud Theisejans vonne Sonsbecker Straße, deshalb sachten wir ja immer Trud. Die hat ja übrigens später den Horst Heckhoff geheiratet, der lange inne Gesenkschmiede war, später anne Pforte.

Und davon dä Schwiegersohn, dä kam ursprünglich aus Styrum. Wie hieser noch? Dä hat so 'n ganz komischen Namen gehabt. Meier, glaub ich. Kann dat? Konnze gleich sehen, dat dat kein richtigen Niederrheiner war. Aber dä hatt trotzdem wat auf 'm Kasten, dat kannze mir aber echt glauben. Hier für de alte Frau van der Linden, Lenchen, genau, Emmericher Straße, für die hatter immer bissken wat samstags vom Markt mitgebracht.

Ja, und natürlich die Anni Köppen, nein, nicht Köppen. Köhnen, geborene Könnings. Die war damals die Trauzeugin vonne Omma Fine, die bei uns oben im Haus wohnen tut.

Jo, dat wollze doch wissen: Also, der gehdet soweit ganz gut."

MANCHMAL KAUF ICH MIR ’NE KARTE

(auch zu singen nach der Melodie „One Note Samba“)

Manchmal kauf ich mir ’ne Karte
für ein teures Cabaret
manchmal such ich mir was Frohsinn
zwischen all dem Ach und Weh
manchmal brauch ich Unterhaltung
Scherz Satire Ironie
doch so günstig wie am Niederrhein
findest du es meistens nie.

Lausch nur einen Augenblick lang
all den triftigen und vielen Worten
was hier durch die Gegend fliegt
ist lustiger als alle Sahnetorten.

Manchmal ist mir nach Ablachen
will nur Spaß statt Feeling blue
zappe durch Privatkanäle
gier nach Running Gag und Clou
doch dann blick ich hoch zur Bühne
frage mich erstaunt: Nanu?
Die einzig reale Satire
sind am End nur ich und

du.

NIEDERRHEINISCHE MINIATUR

Als habe es schon lange auf jemanden gewartet, so hockt nun das Dorf in seinem grünen Sofawinkel, verstrickt die graue Zeit und guckt nach draußen. Dort liegen bereits die glatten Gartentücher ohne Krumen und Flecken. Ein einsamer Mähdrescher hat der nachmittäglichen Arbeit den Rücken gekehrt und ruttert vorbei, einzelne Halme und gelegentliche Erdbrocken wie Rudimente einer anderen Zeit hinter sich lassend. Kinderlachen umflattert ab und an den katholischen Kirchturm. Und drüben geht gerade wer über den Hof. Ganz in Gedanken ein paar alte Pappeln, vergessenen Kulissen gleich. Aus dumpfen Scheunen dringt wohliges Mahlen. Durch irgendeine Luke ist es auf einmal Abend geworden. Der klare dunkle Himmel stimmt sein Schweigen an. Und alles ist gut.

WINDJAHRE

Zum Beispiel von Vynen nach Grieth
den niederen Abend entlang
pedalergeben
vorbei an Grütze und schütterem Gruß

himmeldurchwandertes Blass
tümpelversenkt

bemessene Ziele
vor Stange und Stirn
die Ansicht vom Vorjahr
herübergerettet
in Festzelt und wohlige Feuchte

SAT 1 im Sattelversteck
freundlich gefügt
in bläuliches Wehen um Klinker und Kies
Wäschewelten neben den Reifen her
und Günter Netzer voller Wehmut

Windjahre weg
von Gespinsten und hochfahrnen Kindergesichten
den Lenker unverwandt
wenigem Trost entgegen
ein Diebels

hinter den Deichen
ducken sich Dächer und Menschen.

GEHEIMNIS EINER LANDSCHAFT

Was veranlasst uns eigentlich, dies relativ überschaubare Stückchen Erde zwischen Bislich und Büttgen, Bimsstein und Butterkeks wieder und wieder mit einer Beharrlichkeit aufzusuchen, als gelte es, einen sagenhaften Claim ausfindig zu machen?

Der einmalige Reiz der Landschaft kann es nicht sein. Die Idee einer Ebene ist beispielsweise in der Umgebung von Emden überzeugender verwirklicht. Der Strom dürfte es – sagen wir einmal, unter der Perspektive einer Digitalkamera – schwer haben, mit Donau und Elbe oder auch nur mit dem Oberlauf der Altmühl Schritt zu halten. Wälder, von denen aus Märchen und Mythen die Welt erobern, liegen in Böhmen, im Südhannoverschen oder sonst wo, aber ganz gewiss nicht zwischen Diersfort und Voshövel, Hinsbeck und Niederkrüchten.

Auch hält sich die Attraktivität von Tier- und Pflanzenwelt in sichtlichen Grenzen, sofern einem der Anblick etwa eines Blässhuhns oder einer ein wenig krumm geratenen Stieleiche nicht gleich den Atem raubt. Sind es die Städte und Dörfer, Häuser und Höfe, die Gold verheißen? Dome und Freizeitparks stehen auch andernorts. Eindrückliche Spuren der Geschichte, des Geistes oder des künstlerischen Geschicks gibt es auch im Oberbergischen oder in der Sächsischen Schweiz.

Was also ist es, das uns, wie von einer magischen Schnur umgarnt, immer wieder ausgerechnet hierhin zieht, dem Landstrich vielfachen Durchschnitts, dessen Bewohnern bereits bei der bloßen Vorstellung von irgendetwas Außergewöhnlichem der blanke Schweiß der Angst um Hals und Hände flort?

Die Antwort scheint uns genau darin zu liegen, dass wir es nicht sagen können. Wer sich nach Straßburg aufmacht, weiß warum. Wer den Externsteinen oder dem Titisee einen Besuch abstattet, hat seine einleuchtenden Gründe. Wer die mecklenburgische Seenplatte oder die Schwäbische Alb durchstreift, muss sich nicht eigens erklären.

Aber den Niederrhein? Sonsbeck, Wertherbruch, Lank-Latum? Pappelgeflirre und Schubschiffgebrumm, Gülleschleier und Schützendunst, Speckpfannekuchen und erzieherische Prinzipien vom Umfang einer Pampers-Packung – all das mag Rätsel aufgeben, die zu bewältigen sind. Aber löst es das Geheimnis dieser Landschaft? Bricht es den Bann, der einen befällt, sobald man sich mit dem Rad auf einem ereignislosen Sandweg voranquält oder sich mit einem Kopf voller Träume um einen grauen Hof herumdrückt? Worin liegt der Zauber dieser Gegend, die sichtlich so gar nichts an sich hat, das einen verzaubern könnte?

Es gibt klägliche Erklärungsversuche. Sie liegen in jeder Bücherecke von Grevenbroich an nordwärts griffbereit.

Weiden im Nebel. Reiher über dem Altrhein. Hochöfen vor blutender Abendsonne. Hochglanz, wenig Text, viel Bild. Im Anhang alle Sehenswürdigkeiten auf einen Blick. Und alles für sage und schreibe schlappe 29,80 Euro. Oder einer der vielen kundigen Führer über Wanderwege und erprobte Radstrecken, Schlösserrundreisen, historische Pfade, Kenner- und Schlemmerrouten. Wer in ihnen zu blättern beginnt, hat augenblicklich die Lust verloren, sich selber der geheimnisvollen Verführung dieses Landes hinzugeben. Vor ihm auf dem Ladentisch liegt eine ausgezogene Schöne ohne jeden Reiz.

Oder ob wir selber die Antwort sind? Liegt jene Anziehungskraft also in nichts anderem begründet als in der Faszination, dort im Ensemble mannigfachen Mittelmaßes uns selbst zu begegnen? Uns, denen es nun einmal beschieden ist, nicht Baumeister von Sanssouci oder Schöpfer eines unsterblichen Requiems, ein weltweit agierender Verhüllungskünstler oder wenigstens irgendeine bedeutende Vordenkerin zu sein? Ist der Niederrhein also nicht mehr als das ins Landschaftliche gewendete narzisshafte Abbild unseres eigenen Seins und Wesens inmitten von Lieferscheinen und Last-Minute-Angeboten, Mikrowelle und Musikantenstadl? Vielleicht ist es das. Es wäre des Rätsels Ende. Das Geheimnis indes bliebe.

Wer hingegen all die aufgeweckten Auslagen und anderweitigen Plausibilitätspfründe mutig hinter sich zu lassen bereit ist, wird dort draußen, je länger je mehr, einer anderen Antwort begegnen. Das stille Sosein einer ausgefransten Wäscheleine, die unergründliche Verschwiegenheit zweier zueinander gekehrter Birken im Feld, der verhangene Vormittag über der Autobahnzufahrt – all das erklärt nichts, entzieht sich standhaft allen naseweisen Deutungen. Bleibt vielmehr Geheimnis.

Wer seinem leisen Rufen folgt, wird nicht gescheiter. Aber reicher.

AM NIEDERRHEIN

Mit müder Weite
liegt das Land gesammelt über grünem Grund
der Wälder Waagerechte wiegt
auf Stein und greisem Sand.

Blind taumelt Meerwind über Wiesen
betastet Gras
greift atemlos ins Krautwerk
nur selten Sonnenlicht dazwischentritt
verlegen blass wie ein verstörtes Kind.

In Weidenstuben wartet stilles Vieh
von Zeit zu Zeit
hebt eine Stute ernst den Kopf
tut einen Schritt
blickt über schwarze Gräben.

Schiffe schieben
auf leuchtende Türme zu
Vogelgeschwätz
versunken in Schilf
stromabwärts stürzt Schwermut vorbei.

Ein fremdes Fahrrad
lehnt geknickt an einer Mauer
Kastanien und Kies
Birnbäume frieren hinter der Feuerwehr
an endloser Leine hängt träge und blau
vergessener Vormittag.

In schwangeren Gärten
greift man noch spät zu Spaten und Bier
Abendluft trocknet empörte Worte
und weiche Wolken
schließen die Welt
behutsam ab wie eine Kirchentür.

DER MYTHOS NIEDERRHEIN

Ein poetischer Essay

Von wenigen Worten nur kann man sagen, dass sie mehr sind als nur ein Wort. Es sind jene glückhaften Einzelfälle unserer Sprache, in denen sich noch etwas anderes zuträgt als Benennung und Anzeige. Eher geheimnisvollen Lauten gleich entbergen sie bei Gelegenheit ihrer Aussprechung wundersame Empfindungen, zauberische Gesichte und kindliches Ahnen, kurz: Entrückung und Heimat zugleich.

Zu diesen seltenen Ereignissen des Sagens gehört das Wort „Niederrhein". Nehmen wir uns zum Beispiel vor, heute Nachmittag „an den Niederrhein" zu fahren, so ist dieses Ansinnen von allenfalls untergeordnetem geographischen Belang. Wir lassen uns vielmehr bereits mit dem Kundtun jenes einsiedlerischen Idioms gleichsam an einem Seil in die Tiefe eines Märchenbrunnens hinab.

Alles, was wir fürchten und lieben, alles, wessen wir gram und froh sind, alles, was uns Beschwer und Behagen ist, alles, alles nehmen wir mit und treffen es dort an. Feuchte und Nebelrot, kiesige Klarheit und warmtrauriges Gänsegrün, Wiesentraum und Posaunenchor, knorrigen Schlag und weiches Wiegen, Bleiben und Rinnen. Alles, was wir sind, ist schon da. Und das bereits im Wort.

Ein echter Mythos.

UND MANCHMAL

Und manchmal
mit dem Bötchen
über die Niers
oder auch nur
quer durch die Welt

die Wolken dort oben
gelassen und flink
durch Giebel
und windige Wipfel
stromern sehen

bloß auf ein Stündchen
voller Leichte und Lust
vergessen
was drunten

und die Sorgen
die fahlen
lass paddeln dahin …

NIEDERRHEINISCHE GOTTHEIT MIT ZWEI BUCHSTABEN

Wer die schon ein wenig benutzte Untertasse des Landes zwischen Issel und Nette in kindlicher Empfindsamkeit betritt, wird alsbald von einer höheren Macht heimgesucht, deren Allgegenwart, Allwissenheit und Allgewalt er sich unmöglich entziehen kann. Delphisch und wolkenschwer hockt dieses dunkle Numinosum über Wohnstuben und Pommesbuden, beherrscht Kantinengefechte und Kegeldebatten, fordert schrankenlose Unterwerfung aller Gedanken, Worte und Werke. Wer seinem unverweslichen Wesen die demutsvolle Anerkennung verweigert, hat auf ewig sein Recht verwirkt, sich unangefochten im Irdischen aufzuhalten.

Es geht um die große niederrheinische Gottheit mit zwei Buchstaben. Es geht um „Se". Um jene transzendente Größe, die sich unserer bemächtigt, noch ehe wir uns auch nur ein erstes Päuschen im Hiesigen vergönnen. „Se" – lass uns für einen Moment dem Faszinosum dieses zauberischen Namens nachhorchen.

Sachten „Se" gestern Abend noch im Fernsehen. Oder schrieben „Se" heute morgen inne Bild. Standen „Se" kürzlich mit der Kamera anne B 58. Und ham „Se" noch neulich einen bei erwischt. Dat Werk ham „Se" getz ja endgültig dicht gemacht. Und außerdem machen „Se" sowieso, wat „Se" wolln. Bis Ende September wolln „Se" damit ja fertig sein. Und wenne dich beeilst, kannze

„Se“ von hier aus sehen. Getz sachten „Se“ noch, dat „Se“ da getz son neues Mittel gegen erfunden hätten. Wiederholn „Se“ übrigens nächsten Montag noch mal im Dritten. Son Ende ham „Se“ mir da außem Darm geschnitten. Und dann sagen „Se“ dir am Ende doch nich, watte has. Alles, wat so lecker is, dat tun „Se“ eim verbieten.

So singt man rheinauf, lippeab das tägliche Magnifikat auf jene geheimnisvolle Macht, die alles weiß und alles sieht und alles kann. „Se“, die Quelle aller Offenbarung für alles, was da an Kenntnis und Kunde lebt und webt. Oben unter dem diesigen Himmel und unten auf der krummen Erde und im schwarzen Wasser unter der Seele. „Bete sie nicht an und diene ihnen nicht!“ Die Wucht dieses Verdikts hat jedenfalls unser kleines niederrheinisches Heidentum bislang noch nicht nachhaltig erschüttern können. Hier regiert seit alters „Se“, die zweistabige Gottheit des Grenzenvollen.

Ehrlich, sachten „Se“ letztens noch bei „daheim + unterwegs“.

SO WÜNSCHE

Unter den vielen Wolken
des Lebens
ruhig vor sich hin grasen

ohne Gerangel
wer der Bedeutendere
oder die Begehrenswertere sei

gewiss
dass die Erde
für alle reicht

in Rufweite
zum Hirten
der ein Auge drauf hat.

das sind
ach ja
so Wünsche
die einem am Niederrhein
schon mal über die Seele laufen.

WAT MACHT DENN IHR KNIE INZWISCHEN?

Manches ist ja schon über das Thema „Heimat" geschrieben worden. Wo sie für den einen oder anderen liege. Welche Dinge man damit verbinde. Was sie sozusagen wesensmäßig ausmache. Besonders Kundige wissen meist rasch darauf hinzuweisen, dass eigentlich nur das Deutsche den Begriff „Heimat" kenne. Schon der Engländer behelfe sich mit eher unzutreffenden Ersatzhandlungen wie „Home" oder – das gehe ja nun schon gar nicht – „Native Place".

Ich glaube, es war während der Mittelstufe, als wir in dieser Sache durch einen kleinen Lesebuchtext eindrücklich eines Tieferen belehrt wurden. Die Geschichte hieß „Gerdauen ist schöner" und handelte von einem Mädchen namens Marie. Dieses war aus dem fernen Ostpreußen herüber in ein schmuckes Städtchen im Harz verschlagen worden. Allen Sehenswürdigkeiten der neuen Umgebung begegnete das heimwehkranke Kind mit einem stereotypen „Gerdauen ist schöner" – zur baldigen Verzweiflung seiner Mitschüler. Als der Erzähler Jahre später tatsächlich einmal nach Gerdauen kommt, findet er einen völlig unscheinbaren, geradezu hässlichen Ort vor. Ein Stoff, aus dem sich trefflich so manche nachdenklich machende Botschaft für den nächsten Besinnungsaufsatz ziehen ließ.

Immerhin befanden wir uns mit solchen Studien in durchaus respektabler Gesellschaft. Wer hat sich nicht schon alles über „Heimat“ den Kopf zerbrochen. Joseph von Eichendorff, Heinrich Heine, Agnes Miegel, Heinrich Böll, Lolita. Um nur einige wenige, je auf ihre Weise Bedeutende zu nennen. Nicht zu vergessen der große Freddy Quinn, der uns zur Gitarre darüber in Kenntnis setzte, dass sein Heimatland – er konnte natürlich nur für sich sprechen – dort sei, „wo ich die Liebste fand“. Damit begab er sich offenbar bewusst in Opposition zu dem marxistischen Philosophen Ernst Bloch, der sich nach 1.628 Seiten intensiven Nachdenkens über das „Prinzip Hoffnung“ zu der These durchrang, dass Heimat – obschon sie doch „allen in die Kindheit scheint“ – etwas sei, „worin noch niemand war“. Und Rose Ausländer verstieg sich am Ende gar zu der Behauptung, ihre Heimat – sie sprach allerdings von „Mutterland“ – läge „im Wort“.

Aber vielleicht hat diese – zuletzt wohl nicht ganz zufällig am Niederrhein ihre Wohnstatt findende – Dichterin gar nicht so unrecht. Mich zum Beispiel könnte man mit verbundenen Augen sonst wo absetzen. Sagen wir einmal: knapp neben dem Obst- und Gemüsestand einer bundesweit verbreiteten Lebensmittelkette. „Wat macht denn Ihr Knie inzwischen?“ Wer solche Laute vernimmt, braucht weder ein entrücktes Kindheitsdorf noch eine schmachtende Klampfe. Weder „Heimat, deine Sterne“, noch einen tümelnden „Heimatbund“. Er hat unversehens gefunden, wozu andere ganze Balladen, manchen zu Herzen gehenden Schmachtfetzen oder das eine oder andere gedankenreiche Traktat meinen aufbieten zu müssen.

„Wat macht denn Ihr Knie inzwischen?" Was Heimat ist, das ist - zumindest bei uns am Niederrhein - wahrhaftig nirgends sonst als eben im Wort zu finden. Vor der Käsetheke, an der Bushaltestelle, im Wartezimmer beim Orthopäden, am Rande eines grauen Spielplatzes. Ob es all diese verheißungsvollen Gelegenheiten auch woanders gibt - beispielsweise im Markgräfler Ländle oder von mir aus auch in Gerdauen –, entzieht sich allerdings meinem niederrheinischen Tunnelblick.

DAZWISCHEN

Zuweilen streift mich dein beamtner Blick
und fragt bestimmt nach meinem Aufenthalt,
nach Brot und Bett, Befinden und Gedanken,
nach Liebe, Schmerz, Verbindungen und Banken
kurz: allem, wo man ein Zuhause sucht,
ob unter Dächern, Duschen, hinter Tischen.
Ich kann nur antworten: Ich leb dazwischen.

Der Wasserhimmel überm alten Fluss,
die Wolken und die Luft mit ihrem Sehnen,
das dunkle Land darunter und die Tränen,
die schwarze Erde und die grünen Weiten,
die engen Städte, Dörfer wie Volieren.
Und kann doch deiner Frage nicht entwischen,
wo meine Bleibe sei. Ich sag: Dazwischen.

Gezeugt auf irgendeinem Breitengrad
im alten Atlas rechts vom Nagellack,
es könnte auch Schanghai gewesen sein,
Botswana, San Francisco, Schweiz, Türkei,
Bad Mergentheim, ein Stausee nah der Wupper
und wo auch immer wir nach Gründen fischen.
Was mich belangt: Der meine liegt dazwischen.

Wo ist mein Ort, mein Teil in diesem Land?
Die Kolonien mit ihren kühlen Höfen,
die kleinen Gärten, Weltbild inklusive,
das hohe Haus im leeren Sonnenglast,

die warme Bude, Thekenkompetenzen,
rasante Rechenschaften, dumpfe Nischen,
und ich mit meinem Kleinmut meist dazwischen.

Vom Nebentisch die leicht getönten Späße.
Dann wieder mal Betroffenheit ringsum,
Verschwisterungen, morgen schon zerfallen
im Schenkelschlag gestockter Lebensgier.
Die Zeit verfließt in einer blassen Pfütze
zu Ewigkeiten, den verschwenderischen.
Man flieht und bleibt zurück, und zwar dazwischen.

Ob hinter allem eine Lösung hockt,
von der wir allenfalls die Larve sehen?
Und vorderhand ein Irren durch Kulissen,
durch Ängste, Träume, karge Zuversichten.
Wo ist Quartier zu schlagen hier und nun,
bevor die Wellen unsre Spur verwischen?
Ich möchte meinen: Irgendwo dazwischen.

WIE SOLLET SEIN?

Es muss wohl mit der frühen Christianisierung dieses Landes zu tun haben, dass man hier so auffallend intensiv am Ergehen seines Mitmenschen Anteil nimmt. Bekanntlich werden wir ja bereits in der Heiligen Schrift mehr als einmal dazu aufgefordert, unserem Nächsten unbedingte Aufmerksamkeit zukommen zu lassen. Wohin auch immer man zwischen Eltener Berg und Hülser Bruch hört, wen auch immer man zwischen Hünxer Wald und Schaephuysener Höhen trifft – stets heißt es gleich: „Wie isset?"

So wie kürzlich, als ich zufällig in Winnekendonk zu tun hatte. Ach, dacht' ich noch so, kuckse doch mal auf 'n Sprung beim Onkel Horst vorbei. Wie dat so is. Ich also hin. „Tach, Gisbert", meinter auch gleich, „wie isset?" „Wie sollet sein", sarrich.

„Jou", sagt der Onkel Horst, „dat is getz der Vorflur. Habbich letzte Woche erst gemacht. Mal 'n bisken Gelbstich beigetan. Sah doch sonst immer so kahl aus. Furchbar. Und dat is hier getz der neue Teppichboden. Den alten konnze doch allmählich verbrennen. De Herta war ja nur am rummaulen. Mein Gott, Horstemann, war se immer dran, wird dat in diesem Leben nommal wat mit deim neuen Teppich? Kennze ja. Aber wat sollet. Im Grund hat se ja recht. Übrigens habbich bei der Gelegenheit dem Schlafzimmer gleich en neuen Anstrich verpasst. Hier, kannze mal kucken. Aufe Betten brauchse ja im Moment nicht so zu achten. Na, isset nich schön geworden? Amsterdamer Alt-Rosé oder so ähnlich. Soll ja son bisken wat für die Liebe gut sein, meinter Verkäufer im Baumarkt noch so. Ah, dummes Zeuch. Aber ich find trotzdem, et macht schon wat aus. Wo wir grad dabei sind. Habbich dir eigentlich schon unsre Duschkabine im Badezimmer gezeicht? Hier, vom Allerfeinsten. Getz hasse wenigstens au mal 'n bisken Platz. War ja furchbar bis getz. Kumma, und wenne hier getz die Tür wat anziehs, dann schnackt se von allein zu. Magnetverschluss. Hält hundert Jahr und mehr, obset glaubs oder nich. Aber wenne mich so frachs, dann könnt der Boden eigentlich aumal. Hier, dä Guido Tenhaff, dä hat doch Fliesenleger gelernt. Dä könnt dat doch machen. Ich hab ihm ja letztens noch mit dä Dachpappe ausgeholfen, für sein Gartenhäusken. Jou, dä Guido, dat wäret. Ja und sonst?"

„Wie sollet sein?", sarrich.

LASS MAN

Lass man

es müssen nicht die Malediven sein
Safari Sanskrit
oder sonst ein Abenteuerverschnitt
ach lass man
lass man
hier kannst du doch genauso schön
das Leben besehn
nein lass man
gar nicht weit ist doch die günstige Gelegenheit

ach Lieber
lass man

zwischen Bude und Beichtverein
kann's manchmal interessanter sein
als fern in L. A.
oder gar Singapur
ach lass nur
ich bleibe hier am Gartentor
Aug und Ohr
am Pulsschlag einer Welt
in der zum Glück was andres zählt

ach Lieber
lass man.

ET MUSS – DER GELIEBTE ZWANG

„Und sonst?“ „Et muss.“

Wie oft haben wir uns schon ausgeschüttet über diese niederrheinische Art gelingender Kommunikation. Aber ist irgendjemand vielleicht schon einmal auf die Idee gekommen zu fragen, welche grundsätzliche Lebenskonzeption sich hinter dem so scheinbar mühelos dahingeworfenen „Et muss“ verbirgt?

Während die meisten Menschen in unserem Land ihr Dasein im Gedritt von Rewe, Kleingarten und Rheumapflaster heiter und gelassen zu gestalten wissen, scheint der Niederrheiner unter einem ganz eigenartigen Zwang zu stehen. Einer Art anankischer Notwendigkeit, die man sonst eigentlich nur aus der griechischen Tragödie kennt. „Ich muss noch mal eben anne Bude.“

Niemand zwischen Meerbusch und Menzelen vermag der magischen Macht niederrheinischen Müssens zu entgehen. Irgendwie muss immer alles. Und wenn es nur „Et“ ist. „Et“, das hört sich im ersten Moment so mickerig an. In Wahrheit birgt dieses geheimnisvolle Kürzel einen ganzen Kosmos an lebenserhaltendem Gedöns. „Et muss.“ Heute etwa muss man zum Markt, nächsten Freitag dringend zur Nackenmassage. Wer zum Beispiel in Wanheimerort wohnt, muss mindestens einmal die Woche aus irgendeinem Grund zur

Apotheke nach Duisburg. Und letzten Sonntag mussten wir nach Kervenheim, zur Omma. „Et musste einfach mal wieder sein, verstehße."

Fremde, die schüchtern und fragend ihren Fuß auf unser Hoheitsgebiet setzen und vielleicht einfach nur wissen wollen, wie man am besten nach Vennikel kommt, werden rasch gewahr, dass die Bewältigung der Entfernung von A nach B im Grunde nichts anderes als eine Art Zwangshandlung darstellt: „Wo müssen Se denn da genau hin?"

Nahrungsaufnahme oder Stillung des Durstes? Bayern, Schwaben, Ostfriesen wissen ja immer wieder davon zu berichten, welch Wohlgefühl ihnen diese Beschäftigungen bereiten. Weißwürste, Bocksbeutel, Tee mit Kluntje – man hat nicht eben den Eindruck, als müsse jemand zu derlei Köstlichkeiten genötigt werden. Aber dann wieder Onkel Norbert aus Sterkrade, der einem wie immer alle Autonomie des Genießens zu verhageln weiß: „Bevor du weiterredest: Ich muss mein Pils haben. Damit dat man gleich klar is."

Vielleicht ist an allem auch nur Tante Hennie schuld. Früher, in Wickrathberg. Wenn wir sie in den Ferien besucht haben und es mal wieder dicke Bohnen mit Mehlsoße gab. „Und du isst dat getz auf, wenn ich dir dat sach." „Muss ich dat?" „Ja, du musst dat. Sonst gibbet morgen kein schön Wetter."

„Et muss." Was wäre der Niederrheiner ohne diesen geliebten Zwang? Was wäre er ohne sein ständiges Getriebensein – zum Bezirksamt Süd, zu C & A, zu den Enkelkindern nach Hoerstgen, zum neuen Friedhof an der Düsseldorfer Straße? Was wäre er ohne jenen dumpfen Drang, der gottvatergleich und in stiller Strenge hinter allen wichtigen Entscheidungen zu walten scheint?

Viel wäre hier noch zu sagen von höherer Schickung und willigem Sich-Fügen. Von der gnadenlosen Befehlsgewalt allein eines schlichten Einkaufszettels. Von Verhängnis und Verstrickung, Fatum und täglichem Geknüsel. Die Alten haben diesen Mächten, wie man weiß, ganze Götter und Tempel geweiht. Heute verweist man meist aufklärerisch-gelangweilt auf die üblichen Muster Freud'scher Zwangsneurosen.

Ja, in der Tat, vieles wäre hier noch aufzuarbeiten …
O, gleich kommt Waltraud. Kinder, ich muss.

WAS BRAUCH' ICH NEW YORK

(auch zu singen nach der Melodie „New York, New York")

Was brauch' ich New York
Paris oder Rom
mein Herz hängt, anders kann's nicht sein
am Niederrhein
auch London Madrid
kommen da nicht mit
denn wo kann's schöner sein als hier
am Niederrhein
ich pfeif auf Broadway Guggenheim Empire State
es gibt nur ein Plätzchen auf
diesem Planet

wo Mühlen sich drehn
und Nebel verwehn
wo Kuh und Schaf und andres Vieh
auf Weiden stehn
was soll ich in New York
von hier will ich nicht fort
vom schönen Land am Niederrhein.

HAUPTSACHE KRANK!

Ehre, wem Ehre gebührt. So heißt es ja schon in der Bibel. Nur – wem gebührt sie eigentlich, die Ehre?

Dem Besseren? Schumis seinerzeitiges Geschick, einen wild gewordenen fahrbaren Untersatz irgendwie über die Runden zu retten, spräche rasch für diese Antwort. Kein Wunder, Kerpen ist Anrainergebiet.

Oder der Schöneren? Claudia Schiffers niederrheinische Vorzeigefigur legte wohl eher diese Deutung nahe. Sie hätte zudem für sich, dass von Rheinbergs erhobenen Häuptern und Busen auch etwas Glanz für uns abfiele. Irgendeinen Sinn muss es ja haben, wenn man in Ossenberg oder Vierbaum wohnt.

Tja, wem gebührt eigentlich die Ehre? Dem Besseren? Der Schöneren? Dem Stärkeren? Der Klügeren? Dem Erfolgreicheren? Der Begehrenswerteren? Alles weit gefehlt! Wenn Se nur mal vorne in die Eingangshalle vom St. Josef für ’n Moment dat Mäusken spielen tun, dann wissen Se, wem die Ehre gebührt: dem Kränkeren!

„Hörn Se mal, ich hab ja so Last mit der Bandscheibe. Schon seit Jahren. Dat können Se sich gar nich vorstellen.“

„Aber wenn Sie wüssten, wie viel Stunden die da seinerzeit an meinem Trümmerbruch rumgeflickt haben, dann würden Se sich aber umgucken, dat schwör ich Ihnen aber."

„Falls es Sie interessiert: Meine PH-Werte waren letztens doch ziemlich besorgniserregend."

„Tja, mir fehlt ja schon seit Jahren in ausreichendem Maße Immun-Globolin E. Schon als Kind. Dat haben nur ganz wenige, sowat."

„Stellen Sie sich vor: Bei mir sind kürzlich Campylobacter-Keime festgestellt worden. Dat kommt nur alle paar hundert Jahre vor, sagte die Frau Doktor noch so."

„Ich glaube, ich muss mal endlich was gegen meinen notorischen Hyaloron-Säure-bedingten Ödipuskomplex tun, von dem Sie wahrscheinlich noch nie was gehört haben."

„Wissen Se wat, nur mal so nebenbei gesacht: Ich hab ja nur noch 'n Drittel Magen. Getz staunen Se aber, wat?"

„Vorher PSA-Test gemacht?"

„Ich bitte Sie. Bei wat für einem Kurpfuscher waren Sie denn? Bei mir grundsätzlich nur noch: Rorschach-Test."

„Hörn Se mal: Wenn Se vorher keine endoskopische Untersuchung des Tracheo-Bronchial-Systems machen lassen, nützt Ihnen dat alles sowieso nix."

„Sagen Se mal, ham Se denn überhaupt schon mal wat von einer Radiofrequenz-Ablation gehört? Nich? Hätt ich mir gleich denken können."

„Dat is doch gar nix. Ich sach nur: Computergesteuertes Operations-Navigationssystem und stereotaktisch-perkutante Vakuum-Biopsie-Einheit. Tja, da machen Se getz aber Augen, wat?"

„Moment mal. Mein Hausarzt hat mir ja schon vor Jahren, vor Jahrenden Anästhesie-Risikostufe III bescheinigt. Dat kann ich Ihnen schriftlich zeigen, wenn Se 't nicht wahrhaben wollen."

„Ja, mich hatten se ja seinerzeit schon in den Schockraum verlegt."

„Ja, warum nicht gleich in die Besenkammer."

„Stelln Se sich vor: Danach eine Woche BILD-Zeitungsverbot in der Cafeteria. Dat war dat Allerschlimmste, was se mir antun konnten."

„Soll ich Ihnen mal was verraten? Hier: Doppel-Lumen-Tubus!"

„Intramuskuläre Thrombose-Prophylaxe!“
„Chronisch-venöse Insuffizienz!“

„Prädikative Pathologie!“

„Posttraumatische Lymph-Drainage!”

„Video-assisted Thoracic Surgery!”

„Epikurale Heimbeatmung!“

„Elektro-Stimulation!“

„Differenzial-diagnostische Überreaktion in der hinteren Epiduralregion!“

„Respirative Kollateral-Anästhesie! Ohne das geht gar nichts mehr bei mir. So, getz wissen Se ’t.“

„Augenblick mal. Wenn et um meine cholerischen Milz-Koliken geht, muss ich mir gerade von Ihnen nichts, überhaupt nichts erzählen lassen.“

„Sie pathologischer Krankheits-Versager, Sie. Haben Sie denn überhaupt schon mal ’ne waschechte pulmonale Hypertonie mitgemacht?“

„Ich will Ihnen mal wat sagen. Hier der Professor vom Johanniter, der hat damals direkt nach der OP zu mir gesagt: Hörn Se mal, dat Sie überhaupt noch leben, dat dürfen Se aber auch keim erzählen.“

So regnet es Lorbeerblatt um Lorbeerblatt auf das hiesige Selbstwertgefühl. Lass andere ihre Rekorde brechen oder ihre Hüften schwingen. Lass sie glänzende Doktorarbeiten verfassen oder mit ergreifenden Weihnachtsoratorien Eindruck schinden. Hier bei uns am Niederrhein gibt es am Ende doch nichts Rühmlicheres als das nackte Elend. Hauptsache krank! Falsch. Hauptsache kränker!

Unter uns gesagt: Alles andere wäre auch ziemlich langweilig.

DANN HAB ICH ET AM RÜCKEN

Dann hab ich et am Rücken
dann hab ich et am Knie
dann bleibt mir halb die Luft weg
dann fehlt mir wat Esprit
dann flimmert et am Herzen
dann knirscht et am Chassis
doch für alle diese Schmerzen gibt's nur eine Therapie:

Ich jammer dir von früh bis spät die Hucke voll
denn mein Gejammer finde ich vor allem selber toll.

Dann isset mir so schwummrig
dann bin ich feeling blue
dann isset etwas Weltschmerz
dann nur der neue Schuh
dann steh ich voll daneben
taste nach dem Passepartout
dann fühl ich mich im Leben
unter uns gesagt wie du.

Ich jammer dir von früh bis spät die Hucke voll,
denn mein Gejammer finde ich vor allem selber toll.

„NÄNE“ UND ANDERE VOM AUSSTERBEN BEDROHTE WÖRTER

Viel ist ja in den letzten Jahren über den Niedergang der deutschen Sprache zu lesen gewesen. Immer wieder wird der Verlust so wertvoller Wortjuwelen wie „Nietenhose“, „Schlüpfer“, „Kaltmamsell“ oder „Ladenschwengel“ beklagt. Seither sind wir von „Eight2Nine Jeans“, „Stringtangas“, „CateringService-Fachfrauen“ und „männlichen Azubis im Einzelhandel“ umzingelt. Kein Wunder, dass sich inzwischen ganze Lehrstühle und „Lexika der bedrohten Wörter“ um dieses Problem kümmern.

Bevor nun diese Art des Artensterbens auch dem am Niederrhein gepflegten Idiom widerfährt, möchten wir doch das Unsere zum Erhalt des verbalen Kulturguts zwischen Schermbeck und Schwalmtal beitragen. Worte, die man wohl an jeder Wursttheke diesseits und jenseits der Schravelner Heide vernehmen kann, deren wahre Bedeutung aber vielen Zeitgenossen immer wieder merkwürdig verschlossen bleibt. Welcher Besucher aus Holstein oder dem Hohenlohischen wüsste schon etwas mit „Dat is dä Melanie ihr Ullich“ anzufangen? Abhilfe tut also not.

Dabei wollen wir uns einmal mehr der Erkenntnisse des großen Sprachdenkers Ludwig Wittgenstein bedienen, dem wir bekanntlich nicht nur die tiefe Einsicht verdanken, dass man über das, wovon man nicht sprechen könne, besser schweigen solle. Er hat uns vielmehr auch beigebracht, dass sich die Bedeutung eines Wortes nun einmal aus nichts anderem als seinem Gebrauch in der Sprache ergibt. Wer wüsste schon etwa mit dem Wort „Bütterken“ etwas anzufangen, wenn er nicht immer wieder an irgendeinem Sandkasten ein vertrautes „Pascal, komm dich getz noch wacker ’n lecker Bütterken essen“ vernähme. Das Niederrheinische jedenfalls ist voll von solchen nur auf den ersten Blick rätselhaften Wörtern, deren Sinn sich bei näherem Betrachten ihres Gebrauchszusammenhangs jedoch durchaus plausibel erschließen lässt.

Nehmen wir z. B. das berühmte „Näne“. Während Fremde hinter diesem Wort meist entweder ein soziokulturelles Gemeingut – ähnlich der historischen „Allmende“ – oder einfach nur einen neumodischen Mädchennamen aus dem Keltischen vermuten, ist „Näne“ in Wahrheit nichts anderes als der Bestandteil einer niederrheinischen Allerweltsunterhaltung: „Dä Jupp Hendricks is seit Dienstach im Krankenhaus. Schlachanfall. Wat sachse getz?“ „Nä, ne.“

Oder das scheinbar artverwandte und doch am Ende so sehr andere „Unte“. Nein, nein, weder eine seltene Krötenart aus den Feuchtgebieten am Altrhein noch eine althochdeutsche Frühvariante des bekannteren „Unten“. „Unte“ versteht eigentlich nur recht, wem das typisch niederrheinische Sprechverhalten der Satzverzögerung bekannt ist. Etwa Onkel Horst ist darin ein wahrer Meister seines Fachs: „Also, da muss vor allem dat Bad mal ganz neu gestrichen werden … unte … vielleicht auch noch dat Klo.“ Die Wohltat der Langsamkeit – am Niederrhein lange vor Sten Nadolny bereits entdeckt: „ … unte …“

Und schon müssen wir unbedingt auf das geheimnisvolle „Tuße“ zu sprechen kommen. Wie viele sind schon bei „Wer wird Millionär?“ bereits an der 50-Euro-Hürde damit gescheitert, dass sie „Tuße“ entweder für ein ausgestorbenes alemannisches Blasinstrument oder – typisch frauenfeindlich – für eine flüchtige weibliche Bekanntschaft hielten. Weit gefehlt! „Tuße“ entspringt einer so wohl nur am Niederrhein begegnenden Wortverbindung von Verb und Personalpronomen, wie wir es etwa von „Hasse“, „Kannze“ oder „Krisse“ her kennen. „Da krisse doch die Krätze, wenne dat siehs.“ Nun also: „Tuße“. „Dann tuße noch ’n Löffelken Honig in Salbeitee. Dat is dann gut für ’n Hals.“

Und wo wir gerade beim Thema sind, sollten wir auch gleich noch über das Wörtchen „Sonn“ Rechenschaft ablegen. Was meinen Sie? Wäre doch ganz einfach? Kenne man doch aus dem Gottesdienst: „Die helle Sonn leucht jetzt herfür …“ Tja, knapp vorbei ist auch daneben. Gut, ein Versuch ist noch drin. Wie bitte? Wär’ nur ein Druckfehler? Müsste eigentlich „Jonn“ heißen? „Jung, lot jonn.“ Ja, das hätten die Kölner wohl gerne. Sich auf diese Weise ins Niederrheinische einschleichen. Nein, ganz falsch. Es geht wirklich um „Sonn“

und nichts anderes. Etwa wenn der Niederrheiner ein bisschen länger bei Dr. Verwendel im Wartezimmer verbringen muss: „Sonn Hals hat ich. Kannze mir echt glauben. Sonn Hals."

Ganz wichtig natürlich noch das berühmte „Schö". Das ist nun insofern etymologisch interessant, als wir die Entstehung dieses Wortes – man staune – wahrscheinlich keiner Geringeren als der berühmten Caterina Valente zu verdanken haben, die ja eigentlich am Niederrhein nie so ganz warm geworden ist. Wie das? Nun, wer schon mal seinen Urlaub in Rimini oder Riccione verbracht hat, weiß, dass man dort ohne ein herzliches „Ciao" ungern auseinandergeht. „Ciao, ciao, Bambina, du darfst nicht weinen, für dich wird wieder die Sonne scheinen" – so bekanntlich schon Peter Alexander. Und was machte Caterina die Große draus? „Tschau, tschau, Bambina …" Geht ja eigentlich gar nicht. Nun aber der Niederrheiner. Von „Tschau" zu „Tschö" ist es ja nur ein Katzensprung. Und weil „Tsch" zu Beginn eines Wortes auch so seine Probleme macht, einigte man sich hier rasch auf ein schlichtes „Schö". Quer über den Gartenzaun auch schon mal ein etwas gedehnteres, hingebungsvolles „Schö-ö". Oder – der Niederrheiner hat es ja gerne auch mit den Verkleinerungen – ein nicht minder von Herzen kommendes „Schökes".

Also bis zur nächsten Vorlesung. Schökes.

NIEDERRHEIN ZWISCHEN GRAU UND GRÜN

(auch zu singen nach der Melodie „Night and Day“)

Niederrhein
zwischen Grau und Grün
dir sing ich mein Lied
ach ich weiß es ist kühn
ob in Walsum Walbeck Wesel
Krefeld Kleve Kalkar
Duisburg Emmerich Goch:
Ich lieb dich doch.

Niederrhein
wenn ich dich hör
dein Wortlaut dein warmer Swing
gefallen mir sehr
deine Plörren deine Plünnen
Beömmeln Drömmeln
es ist dies Gedriss und Gedön
wonach ich mich sehn.

Niederrhein
neben Kappes und Erpelschlat
hab ich manch ein Krösken
stickum mit dir gehabt
zwischen Wolken Weiden Schlacke Schloten
hohen Öfen Kirchenboten
und Wiesenschaum
bleibst du mein Traum.

NIEDERRHEINISCHE SPASSGESELLSCHAFT

Sagen Sie, hat der Niederrheiner eigentlich Humor? Gute Frage. Und wie so oft in der Geschichte des Geistes, so ist auch hier eine richtige Fragestellung praktisch schon die halbe Miete. Also: Hat der Niederrheiner Humor? Um die Antwort vorwegzunehmen und mit der dem Niederrheiner nun einmal eigenen Prägnanz sogleich auf den Punkt zu bringen: „Ich kannet dir im Moment echt nicht genau sagen."

Auffallend ist immerhin, dass der in letzter Zeit so vielgescholtene Spaß in der Werteskala des Niederrheiners eine ziemlich unangefochtene Pole-Position einzunehmen scheint: „Hauptsache, du has dein Spässken." Schon die gewählte Form der Verkleinerung – „Spässken" – deutet auf das grundsätzlich eher leicht gestimmte Lebensgefühl des Menschen an Harsumer Graben und Niepkanal hin. Weiß er doch allem, selbst dem Spaß, bereits im Ansatz jede falsche Gewichtigkeit zu nehmen. „Nä, wat hatten wir für 'n Spässken." Wer solche und ähnliche Äußerungen zum Beispiel nach Beendigung einer völlig verregneten Duisburger Hafenrundfahrt vernimmt, merkt rasch, dass es hier doch noch um etwas sehr anderes als eine bloße regionale Variante der berühmten Spaßgesellschaft geht.

„Hasse Spässken? Na toll." Wer zuckte nicht unter solchen verbalen Vernichtungsschlägen zusammen? Dabei hatte man vielleicht gerade nur – etwa um sich für ein total vergeigtes Europa-Cup-Spiel in aller Form zu rächen – von der Reeser Rheinbrücke runter in ein holländisches Containerschiff gespuckt. Und es hätte ja auch alles so lustig werden können. Dann diese Keule: „Hasse Spässken? Na toll." Nicht dass der Niederrheiner dem anderen den Spaß nicht gönnte – Gott bewahre! Es geht, wie so oft, auch hier nur um die richtige innere Einstellung zu den Dingen.

Das konnte man kürzlich sehr schön auf einem einsamen Waldweg längs des Diersfordter Forstes beobachten, als sich ein mir bis dahin völlig unbekannter Staffordshire-Terrier anschickte, mich genüsslich abzuknutschen. „Der macht doch nur Spässken", scholl es froh und Mut machend aus einem weit entlegenen Gebüsch. Ja, tatsächlich. Das hysterisch agierende Ungeheuer nahe meiner Halsschlagader wollte offensichtlich nichts anderes als endlich einmal ungezwungen lustig sein. Das hätte man eigentlich gleich merken müssen.

Jedenfalls ist bis hier deutlich geworden, dass für den niederrheinischen Menschen Humor nicht einfach schon vorliegt, wenn man trotzdem lacht. Und schon gar nicht mit flachem Frohsinn und oberflächlichem Schenkelschlagen gleichzusetzen ist. Scherz, Satire, Ironie – das wusste bereits der Wahlniederrheiner Christian Dietrich Grabbe – hat eben möglichst tiefere Bedeutung zu haben. „Dat is ja wohl 'n Scherz." Schon dem tragischen Tonfall wohnt etwas inne, das weit über den vordergründigen Schmunzeleffekt hinausgeht. Oder auch – man bemerke die feine Bedeutungsnuance – „Dat is ja wohl echt 'n Scherz." Das Reißen platter Witze sieht jedenfalls anders aus.

„Ha. Ha. Ha." Wer je zwischen Kaarst und Kranenburg auf unverfälschte, dem Ernst des Lebens abgerungene Heiterkeit aus ist, weiß, dass er sich mittlerweile zügig auf die Hardcore-Version niederrheinischer Ausgelassenheit zubewegt. „Ha. Ha. Ha." Ja, du darfst lachen. Du darfst bei allem Wissen um die Grenzen des Freudvollen auch einmal still in dich hineinkichern, darfst auch einmal vergnüglich vor dich hingrienen, losplatzen, dich ausschütten. „Ha. Ha. Ha."

Schlimm, wenn einem bei solcher Gelegenheit dann wieder Anneruth aus St. Tönis in die Quere kommt, die bekanntlich überhaupt keinen Spaß versteht und jede amüsante Stimmung wie folgt brutal zu zertrümmern versteht: „Da soll ich getz wohl auch noch drüber lachen oder wie hab ich dat hier?" Anneruth. Man kennt sie. Irgendwann zugezogen. Ich meine, Sauerland oder so. Nomen est omen. Und wenn man ihr heiter-versöhnlich, wie man so drauf ist, zur Antwort ein frisches Diebels in den Ausschnitt kippt, offenbart sie mal wieder ihre ganze nichtniederrheinische Humorlosigkeit: „Dat findze getz wohl auch noch unheimlich lustig. Ha. Ha."

Und da ist sie schon wieder, die alte, ewig unbeantwortbar scheinende Frage, ob der Niederrheiner nun eigentlich Humor hat oder nicht. Man weiset nich so richtich. Vielleicht ist die Frage auch nicht klar genug gestellt. Eines lässt sich immerhin sagen: Zwischen Bruckhauser Mühlenbach und Fossa Eugeniana wollen alle Niederrheiner und Niederrheinerinnen am Ende doch immer nur das Eine: „Ja, Hauptsache, du has getz mal wieder dein Spässken gehabt."

AM ANFANG WAR'S NUR EIN GERÜCHT

Am Anfang war's nur ein Gerücht
ein querer Blick ein Fremdgeruch
bald ein betretenes Gesicht
dann schon ein flinker Urteilsspruch
zuletzt ein kleines Volksgericht.

Ich weiset nich ich weiset nich
doch irgendetwat stimmt da nich.

Jou ich hab au sowwat gehört
dat lief schon längre Zeit verkehrt.

Wie woher weiß du dattan schon
da wusst ich selbst ja kaum wat von.

Ich misch mich ja nich gerne ein
doch kann da wat nich richtig sein.

Dä sieht doch schon so komisch aus
und die wann kütt die dann nach Haus?

Und ersma denen ihre Blagen
da kannze gar nix mehr zu sagen.

Da hasse Recht. Wo käm wer hin
wenn jeder hätt sein eigen Sinn?

Genau. Ich habbet gleich gesacht
und mir sofort wat bei gedacht.

Du auch? Da kannze doch mal sehn
die tun dich nur noch hintergehn.

Und frech dazu. Dat ham wer gern
na is ja scheinbar heut modern.

Kein Wunder wenne nur mal bloß
den Putz siehs unterm Dachgeschoss.

Der Garten ers mein Gott nommal
ja is dat denn vielleicht normal?

Da sacht doch neulich irgendwer
dä tränk schommal 'n bissken mehr.

Jou habbich au schon läuten hörn
natürlich kann ich nix beschwörn.

Ich sarret dir ich sarret dir
man traut sich kaum noch vor de Tür.

Da kannze für. Ich mein man eben
dat häddet früher nich gegeben.

Da wurd nich lange nachgedacht
und kurzerhand Prozess gemacht.

Jawoll mal ordentliche Hiebe
zur Not au runter mitter Rübe.

Am Anfang war's nur ein Gerücht
ein querer Blick ein Fremdgeruch
bald ein betretenes Gesicht
dann schon ein flinker Urteilsspruch
zuletzt ein kleines Volksgericht.

NIEDERRHEINISCHES KLEINERLEI

Hier kommen die Kinder bereits mit Lebensweisheiten zur Welt, die sie einem mit sechsundsiebzig noch als soeben erkannt wortreich feilbieten. Dazwischen liegen seit Generationen feste Grußgrenzen, sorgsam gehegte Abneigungen, ganze Meisterschaften im Selbstrechtfertigen und, natürlich, irgendeine Bahnschranke.

Nachmittagsspiele im undurchdringlichen Flur. Hier und da eine gesprungene Bodenfliese. Schwarzes Karo im Rösselsprung. Sorgsam gelacktes Treppenholz. Kölnisch Wasser und Klogeruch. Rundum olivfarbener Mäander bis zur Hintertür. Himmel und Hölle. „Könnt ihr dat nich endlich mal drangeben, verdammte Blagen." Im Hof noch bis zum Abendbrot. Der Kellereingang ist das Tor. Deutschland gegen Italien. Gut gedacht, der Pass. Mutter schimpft schon mit den Bratkartoffeln. „Beeil dich." Traditionelle Streite: „Der Oliver durfte gestern auch noch so lange." „Ja, aber du bist nicht Oliver." Licht aus und unter der Decke noch unausgesprochen Unerlaubtes. „Scheiß Mathe morgen."

Auf der Hohen Straße „geht" man miteinander. „Bei Giovanne" das Ziel aller Tagträume. „Anner Kasse, die Frau da kennich." Oder das Jugendzentrum. Tischtennis und Kinderdisco. „Da sind doch getz nur noch die Türken." Nadescha hat jetzt mit Kermal Schluss gemacht. Die neue Bravo, „geil, eeh." Am Gemeindehaus eine kleine, dunkle Tuscheltraube. „Mann, eeh, lass dat!“ Samstag vielleicht ins Young Daddy. „Weiß noch nich.“ Kermal geht jetzt mit Eileen. Und Nadescha mit Yannik. Und wehe, du weißt es nicht.

Glocken am nassen Junihimmel. „Ich habbet ja gleich gesacht.“ Hinter dem Altar die Couchgarnitur mit Mikrowelle. „Bis dass der Tod euch scheidet.“ Tante Hennie heult in der zweiten Bank, dass sich der brokatne Busen nur so biegt. Punkt halb vier zu Studio Gisela. Anschließend neun Stunden Langeweile im Bürgertreff. Außerdem kann man die Salate selber machen. „Getz ham se ’t au ’n bissken schön, endlich.“ Und Onkel Willy hat alles tapeziert. Die jungen Leute sind ja heute nicht mehr so. Jürgen war seinerzeit beim Bund. Und Heike ist jetzt nicht mehr bei „Netto“. „Wenn denn mal wat Kleinet kommt, is dat ja au nix.“ Brautentführen! Nach anderthalb Stunden platzt der Traum beim Italiener am Bahnhof. „Wat ham wer gelacht.“ Gläser spülen, Staub jagen, Lust erledigen.

Die eine Kegelschwester von der Hannelore haddet momentan ganz böse anne Bronchien. „Ausgerechnet, wo wir dies Jahr an die Mosel wollten.“ Der Heinz ist mit dem Sängerbund auf Tour. Demnächst wieder Weihnachtskonzert im Kulturzentrum. „Wie die Fischerchöre, sarrich immer. Häärlich.“ 70er-Flachbildröhre, Abschalttimer und Fernbedienung. Den alten hat jetzt Thorsten, damit der seinen eigenen hat. „Wenn ich dran denk, wat wir dammals noch …“ Aber da weiß die heutige Jugend ja nichts mehr von. Denen geht es viel zu gut, das ist das Einzige. „Zweiunddreißig Jahre auffe Gesenkschmiede, dat reicht. Glaubet." Dafür gibt es morgen lecker Rippchen mit Sauerkraut. „Dat Einzige, wat ich auf 'n Kanaren vermisst hab." Flug ab Lohausen, Vollpension, Swimmingpool und Begrüßungscocktail. „Aber datter mir nich absaufen tut!" Frau Kersken kümmert sich solange um die Yuccapalme, die immer ein wenig feucht gehalten werden muss. Während sich auf dem speckigen Sparkassenkalender die Sonne von Kap Sounion im Rot suhlt, spuckt draußen der Abstich von ThyssenKrupp Steel sein Blut in den wässrigen Abendhimmel.

Zwischen den Sonntagen lange Nachmittage im Fenster. „Ich sach noch neulich für Frau Doktor, dat sin alls nur de Närvn." Das Wetter spielt ja auch eine große Rolle. Unten humpelt Köbes Kleinrensing „nache Bude". Hat früher bei Uerdingen gespielt. War dann Schlosser auf Eisenwerk, später im Magazin. Als am Honnenpfad noch die Brombeeren standen. „Sonne dicke Kawennsmänner." An der alten Kiesgrube hatte die Kindheit ihr Zuhause. Und hinter dem Dyckschen Hof ist eine Brandbombe runtergekommen. Der Engländer lag drüben bei Friemersheim. „Wat ham wer Kohldampf geschoben damals." Und unser Mutter hat sich, kann man sagen, richtig aufgeopfert, hat die sich. „Aah, Herr Pastor, komm Se rein. Aufgesetzten?" Der Wohnzimmerschrank, noch von Onkel Theo, hat so seine kleinen Geheimnisse. Daneben zweiundzwanzig fein gemachte Mienen von der letzten Goldkonfirmation. Seit vierzig Jahren in der SPD. Preisskat und Präsentkorb. Neujahrsempfang und Seniorennachmittag. Vorhin war Frau Terweg da mit der Adventssammlung. „Wie isset denn so?“ „Orret muss.“

Zum Friedhof muss ich auch noch. Für Sonntag, wenn die Vluyner kommen. Gestern wurde angeläutet. Allgemeine Ratlosigkeit. „Häw nix gelesen.“ Jetzt dürfen ja auch die anderen. „Dat is ja all nich mehr wie früher.“ Zum Glück! „Katholische Ratten ...“ Alte Schlachtordnungen schimmern durch Buchsbaumbestände. Am Eingang die Ordnung hinter blindem Glas. Grabaushub, Abraum und Blattabwurf. „Nachdem es Gott, dem allmächtigen Herrn über Leben und Tod, gefallen hat ...“ Auf den Todesbeeten fehlen nur die Gartenzwerge. Und die Marmoreinfassung ist rein wie der Operationstisch von St. Antonius. Nachfeier im Gemeindehaus. „Kissens, de Häbbät is uk da.“ Aber dann muss man auch bald wieder los.

So kehrt man zurück in die Flure und Höfe am Achterhoek oder an der Pützkate. Die Welt hat einen Reißverschluss, und die Treppe muss auch noch geputzt werden. So recht von Herzen gelacht wird eigentlich selten. Aber das Wissen um das Richtige ist groß. Immer schwingt überall ein gerüttelt Maß Empörtsein mit. Außerdem ist gerade Samstag. Markt. Und da bin ich schon um halb neun beim Friseur angemeldet. „Du weißt doch, für morgen.“ Vom runzeligen Rhein weht ein leises Amen herüber.

DAS JAHR, DAS NEUGEBORNE

So weit und blau
wie Mutters blankes Badetuch
frisch und gestärkt
im Ganzen wohl noch etwas klamm
doch hier und da bereits
schüchternes Leben
in den Falten
so blickt mich jetzt
das Jahr
das neugeborne
an
verheißungsvoll
als käme es geradewegs
aus einer Waschküche
am Niederrhein.

SPONTANES AUS DEM LEBEN EINER NICHT GENANNT SEIN WOLLENDEN VOLKSPARTEI IRGENDWO IM NIEDERRHEINISCHEN

12. Mai
Die stellvertretende Bürgermeisterin einer niederrheinischen Kleinstadt wird Zeugin einer Darbietung niederrheinischer Kleinkunst. Im Anschluss an die Veranstaltung fragt sie den niederrheinischen Kleinkünstler, ob er es sich grundsätzlich denken könne, beim nächsten Neujahrsempfang ihrer Partei aufzutreten. Ihr schwebe da so irgendetwas vor. Da der niederrheinische Kleinkünstler dem Charme der vorschwebenden Dame nicht wirklich gewachsen ist, kann er es sich grundsätzlich denken. Über Einzelheiten müsse man bei Gelegenheit reden.

5. Juni
Der niederrheinische Kleinkünstler findet auf dem Anrufbeantworter seines Diensttelefons die Nachricht vor, im Hinblick auf den Neujahrsempfang sei man dabei, eine Findungskommission ins Leben zu rufen. Aber es sei ja auch noch ein wenig hin.

18. Juni
Die charmante stellvertretende Bürgermeisterin meldet sich per Handy aus dem Intercity. Die Findungskommission sei inzwischen gebildet worden, man habe sich aber noch nicht auf einen Vorsitzenden einigen können. Da Personalentscheidungen immer schwierig

seien, könne sich das bis nach der Urlaubszeit hinziehen. Grundsätzlich sei man aber weiterhin sehr interessiert.

4. September
Anruf des Vorsitzenden der Findungskommission beim niederrheinischen Kleinkünstler. Man habe da so eine Idee, was den nächsten Neujahrsempfang anbelange. Ob er sich grundsätzlich eine Kooperation vorstellen könne. Der niederrheinische Kleinkünstler kann es durchaus. Vorsorglich weist der Vorsitzende der Findungskommission aber schon einmal darauf hin, dass selbstverständlich noch der Ortsverbandsvorstand und die Spitzen der Fraktion gefragt werden müssten. Dafür habe er doch sicher Verständnis. Der niederrheinische Kleinkünstler hat Verständnis.

21. September
Der Schatzmeister fragt beim niederrheinischen Kleinkünstler diskret wegen eventueller Honorarforderungen an. Er habe doch sicher schon von der prekären Lage der großen Volksparteien gehört. Allgemeiner Mitgliederschwund, demografische Entwicklung usw., er wisse schon. Ob man sich da im Falle eines Falles wohl ein wenig entgegenkommen könne. Der niederrheinische Kleinkünstler äußert, dass man das im Falle eines Falles wohl könne.

3. Oktober, Tag der Deutschen Einheit
Der niederrheinische Kleinkünstler wartet auf eine

staatstragende Meldung aus Richtung Findungskommission im Hinblick auf den Neujahrsempfang. Nichts rührt sich.

12. November
Endlich! Wieder einmal die stellvertretende Bürgermeisterin. Diesmal per E-Mail. Es sei jetzt alles so gut wie unter Dach und Fach. Als Datum fasse man einen Termin Ende Januar ins Auge. Aber das sei z. Zt. noch etwas in der Schwebe. Zudem müsse noch die Zustimmung des Seniorenbeirates eingeholt werden. So sei das eben in einer basisorientierten Volkspartei.

6. Dezember
Anlässlich der Nikolausfeier einer anderen nicht genannt sein wollenden großen Volkspartei im Niederrheinischen wird der niederrheinische Kleinkünstler dezent beiseite genommen. Man habe da so dies und das gehört. Was denn an den Gerüchten dran sei. Der niederrheinische Kleinkünstler weist darauf hin, dass an Gerüchten meist etwas dran sei. Aliquid haeret, so doch bekanntlich schon der Lateiner. Aber entschieden sei ja noch nichts.

23. Dezember
Die stellvertretende Bürgermeisterin völlig aufgelöst am Telefon, diesmal am privaten Apparat des niederrheinische Kleinkünstlers. Alles sei momentan schwierig. Vor allem der Termin mache Probleme. Ob der niederrheinische Kleinkünstler sich auch denken kön-

ne, zu einem späteren Zeitpunkt aufzutreten. Man denke gegenwärtig etwa an einen kleinen Frühjahrsempfang. Der niederrheinische Kleinkünstler kann es sich durchaus denken. Im Grunde komme es ja auch gar nicht auf irgendeinen Termin an. Es gehe doch vielmehr um die Sache.

2. Januar
Noch einmal der Schatzmeister. Er wolle heute nur einmal ein ihm gegenüber geäußertes Bedenken aus Kreisen der Mittelstandsvertretung unkommentiert so weitergeben. Ob sich die ins Auge gefassten geschäftlichen Vereinbarungen mit ihm, dem niederrheinischen Kleinkünstler, noch mit dem sicher auch ihm bekannten Ruf nach Senkung der Lohnnebenkosten vereinbaren ließen. Von familienpolitischen Forderungen im Sinne der Bundespartei wolle er erst gar nicht reden. Alles Weitere sei aus der Internetseite des Stadtverbandes unschwer zu ersehen. Der niederrheinische Kleinkünstler verspricht, sich schlau zu machen.

14. Januar
Fax vom Pressesprecher der Fraktion. Im Hinblick auf den geplanten Auftritt des niederrheinischen Kleinkünstlers habe man da noch einmal eine Frage. Ob das vorgesehene Programm auch aktuelle kommunalpolitische Bezüge vorsehe. Man denke etwa an die sattsam bekannte Verkehrssituation im Ortsteil Hülskamp oder die personelle Besetzung im Feuerwehrausschuss. Das aktuelle kommunalpolitische Grundsatzprogramm

sei ihm doch sicher bekannt. Der niederrheinische Kleinkünstler sichert zu, sich selbstverständlich um ein paar aktuelle kommunalpolitische Bezüge zu kümmern.

21. Januar

Aufatmen beim niederrheinischen Kleinkünstler. Endlich wieder einmal die stellvertretende Bürgermeisterin am Apparat. Er meinte nämlich schon, gewisse Entzugserscheinungen an sich festgestellt zu haben. Ja doch, es sei alles im Lot. Er habe da nur noch mal eine Frage. Ob es schon einen Termin für den Neujahrs-, äh Frühjahrsempfang gäbe. Er wolle ja nicht drängen, aber so zu Beginn des Jahres würden doch schon mal die einen oder anderen jahresplanerischen Vereinbarungen getroffen. Die stellvertretende Bürgermeisterin will sich drum kümmern. Aber er wisse sicher, wie das in einer Partei zugehe. Da könne man nicht einfach so von oben herab entscheiden. Das sei, wie man wisse, eben auch der Preis der Demokratie. Außerdem stünden noch klärende Gespräche mit den Vertretern und Vertreterinnen der Nachwuchsriege, dem Obmann im Ausschuss für Stadtentwicklung, Planung und Umwelt und den Verbindungsleuten im Regionalausschuss der IHK ins Haus. Man müsse hier schon gründlich arbeiten, sonst sei da kein Erfolg zu erwarten. Das wisse sie aus langjähriger, teils auch leidvoller eigener Erfahrung. Ob sich denn an seiner grundsätzlichen Bereitschaft irgendetwas geändert habe. Nein, es habe sich nichts geändert. Ganz im Gegenteil: Er freue sich mächtig darauf, endlich einmal bei einem leibhaftigen Frühjahrsempfang auftreten zu dürfen.

13. Februar
Der Vorstand des Ortverbandes tagt. Der Vorsitzende trägt den Gedanken eines Frühjahrsempfangs vor. Alle sind von dieser hübschen Idee überrascht. Was das Programm anbelangt, so schlägt jemand vor, man könne doch einmal irgendeinen niederrheinischen Kleinkünstler auftreten lassen. Das komme doch immer gut an. Die Sache wird rasch per Akklamation auf den Weg gebracht und der Vorsitzende mit der weiteren Planung beauftragt. Wichtig sei vor allem ein geeigneter Termin. Ja, ja, das sei ihm auch klar.

27. Februar
Hausbesuch beim niederrheinischen Kleinkünstler durch den Ehrenbeisitzer des Ortsverbandsvorstandes. Ob er mal für einen Augenblick reinkommen dürfe. Selbstverständlich dürfe er. Eine Tasse Tee würde sich wohl auch noch erübrigen lassen. Der Ehrenbeisitzer wirkt ein wenig nervös. Er habe von dem Plan eines Frühjahrsempfangs gehört und von der Idee, ihn, den niederrheinischen Kleinkünstler, auftreten zu lassen. Damit er nicht falsch verstanden würde, er habe nichts gegen Kleinkunst und niederrheinische schon gar nicht, aber ob sich das gedachte Programm denn wohl mit den Grundwerten der Partei, wie sie ja seit Menschengedenken für jedermann einsehbar vorlägen, vertrage. Der Künstler wisse sicher schon, worauf er

anspiele. Als Mann der Bühne kann der niederrheinische Kleinkünstler durchaus etwas mit Anspielungen anfangen und sichert programmatische Unbedenklichkeit zu. Man sei ja schließlich kein Anfänger auf dem Gebiet.

10. März
Die stellvertretende Bürgermeisterin wieder per Handy aus dem Intercity. Der Termin stehe Gott sei Dank endlich fest. Ob sie ihn mal kurz durchgeben könne. Sie könne. Wenn er mal ganz ehrlich sein dürfe, warte er eigentlich schon drauf. Der Rest des Gesprächs wird durch ein Funkloch zerbröselt. Immerhin. Der Termin steht. Wenn man nur wüsste, wann.

10. März, ein paar Minuten später
Auf der Geschäftsstelle des Ortsverbandes meldet sich der Anrufbeantworter mit der hilfreichen Mitteilung, dass man doch freundlicherweise noch einmal zu den üblichen Geschäftszeiten anrufen möge. Alles Weitere entnehme man bitte der Homepage, vor allem die aktuellen Termine.

22. April
An einem schönen Sonntagmorgen begibt sich der niederrheinische Kleinkünstler auf gut Glück in irgendein ländliches Gasthaus nahe der Stadt, um sich ein geruhsames Bierchen zu gönnen. Irgendein Frühjahrsempfang scheint dort gerade stattzufinden. Gut, dass er da sei, raunt ihm eine vertraute Stimme zu. Gleich gehe

es los. Los? Gleich? Der niederrheinische Kleinkünstler schaut sich etwas verwirrt um. Aber … aber, ich habe doch gar kein Programm dabei. Das mache doch nichts, flüstert die freundliche Dame, deren Charme er sich schon vor Jahresfrist nicht entziehen konnte. Ihm werde gewiss schon etwas einfallen. Er solle einfach spontan improvisieren. Sie bei sich im Ortsverein täten doch schließlich auch nichts anderes den ganzen Tag.

DAS GIBT'S NICHT NUR

(auch zu singen nach der Melodie „Love Is Here To Stay")

Das gibt's nicht nur
am alten Niederrhein
stell dich nicht stur
und kehr ein Weilchen ein
in eine Welt
die erzählt
wahre Märchen aus unsrer Zeit
zwischen Topf und Tiegel
Mief und Heiterkeit.

Hier bleibt man Kind
wer schummelt der gewinnt
kommt alt zur Welt
ist lebenslang ein Held
hier weiß man alles und nichts
über Gott und Frau Nachbarin
und
manch andres ohnehin.

DUISBURG NEBENAN

Und dann mit dem Moped über die Ruhr. Ja, genau: alte Linie drei. Eben gucken gehen. Stumpfer Brückenstahl. Zittersekunde bei jeder Tonne Kies. Weit unten verwelktes Weidenbett. Ein kleines knalliges Campingzelt. „O kumma, genau mit so eim simmer damals nach Italien gefahrn. Da hatt ich noch die alte Vespa." „Und wir waren zufriedener und glücklicher als manch einer, der heute mit dem Flugzeug nach Florida fährt."

Bald darauf die Unterführung. Rot-weiße Pfeile und Sandstein, regenwassergeschwärzt. Seitab ein geknicktes Winkeleisen, Geländer aus anderer Zeit. Langes graues Gras macht ein paar Trampelspuren Platz. Unter dem Bogen dunkle Fäden vor blassem Himmelsgrund. Kurz rüttelt die Bahn, ein paar Scheiben blicken müde auf den glatten Kanal. Rohre und Streben. Neonbeschienen ein schattenloses Plakat: „Das aktuelle Fernweh-Programm für den Sommer." Wieder Schienen. Pflaster und ausgefranster Asphalt.

Das hohe Bürgerhaus. Immer noch alleinstehend. „Türlich, Gründerzeit." Vorne gelb verklinkert und unten Edeka. Ariel im Angebot. Jemand hat seinen Dackel an den Fahrradständer gebunden. Am Seiteneingang Dr. Verweyen, Zahnarzt. „Ich kannte ja noch den alten Dr. Verweyen. Nach 'm Krieg. Ja, dat war noch wat."

Da hinten der Wasserturm. Umgeben von endlosen kleinen Gärten, Holzschuppen, Stangenbohnen, Schubkarren, Torf und Suppengrün. Rechter Hand der Bahndamm. Brombeeren und Holunder. „Früher konnze hier mit 'm Fahrrad in eim durch bis nach Mülheim fahrn." Brachland. Im Graben ein Autosessel. „Dat hat alles Thyssen aufgekauft hier." Irgendwer pfeift unaufhörlich seinem Hund hinterher. An der Straße der bucklige Bunker ohne Tür und Loch. „Da hat sich mal einer drin aufgehangen", hieß es schon, als ich noch Kind war. Obendrauf mittlerweile Farn und Löwenzahn.

Schnell an der Trinkhalle Zigaretten holen. Süßwaren – Anna Heckmann – Tabakwaren. R6 R6 R6. Neben der schiebbaren Scheibe ein Klingelknopf. „Na, wat wollt ihr beiden Hübschen denn? Diebels oder Hannen – wat trinkt der Vatter heut?" Eine Einkaufstasche mit abgerissenem Henkel wechselt für kurze Zeit die Fronten. Münzen kullern über den kleinen Stapel Tageszeitungen. „Eine Bild." Am Straßenrand ein schon etwas in die Jahre gekommener Fiesta mit ungeduldigem Motor.

Van Lakum. Auto An- und Verkauf. Maschendraht und Preise groß wie Windschutzscheiben. In der kleinen Baubude wird soeben eine HB angeboten. Unterbodenschutz, beheizbare Heckscheibe, 2 Jahre TÜV-frei. „Und den Daimler dahinten, kriegen Se den denn demnächst noch mal rein?" Das Trafohäuschen ist die Grenze. Kommt man nur mit 'm Vierkantschlüssel ran. Hab ich auch mal besessen, so 'n Ding. Reste von bedrucktem Papier. „Rock Night im Jugendzentrum. 12. Mai 19 Uhr."

Unweit das verstohlene Hallenbad. Langes Betonbrett zwischen gepflegten Birken. Eine Schulklasse mit ihren Plastiktüten. „Hasse schon Mathe?" „Nö. Du?" Gelangweiltes Lehrergesicht. „So, Herrschaften, jetzt aber ein wenig Beeilung, wenn ich bitten darf. Da haben noch immer welche sehr, sehr viel Zeit."

Auf der anderen Seite die katholische Kirche. „Ja, warte, die müsste so zweiundsechzig gebaut worden sein. Bei der WM in Chile." Kurzer Blick am unnahbaren Stahlturm empor. Dunkles Fenstergewebe entlang der geeckten Backsteinwandung. Die bauchige Bronzetür schiebt sich einem wortlos-samten entgegen. Kalter Weihrauch. Das Antependium beige und braun geknüpft. „Wie still es hier ist." Klamme Geborgenheit. „Was jeder junge Mann von der Liebe wissen muss." Der Erlös ist bestimmt für das Rückpositiv von Liebfrauen.

Draußen der übelgelaunte Rasenmäher des Küsters. In geübten Winkeln über ein großes grünes Laken ohne Fleck und Fehl. „Ihr könnt ganz genauso gut woanders spielen!" Die verpflanzte Sommerrose will nicht so recht. Oben im Haus manchmal abends noch lange Licht. „Kissens, dä Pastor is uk so 'n Nachtschwärmer." Endlich wieder mal ein gutes Buch lesen. Kommt man ja sonst gar nicht zu. Hochinteressant übrigens, hochinteressant.

Bogenlampe und Bretterzaun. Hier baut für Sie die Wohnungsbau AG Glückauf. Latte um Latte eine Versuchung: Lyrik im Vorbeigehen. „MSV ist ne Sau." Abgewelkte Ohnmacht in Kreide und Spray. „Gorleben soll leben." Gegenüber Garagen. Biene Maja in Türformat. Für den Vorplatz fühlt sich natürlich kein Mensch verantwortlich, kein Mensch. Weiter durch: H. Lankermann KG. Karosseriebau. Vorne an der Straße seit ewigen Zeiten ein Veedol-Schild. „Könn Se gar nicht verfehln."

Wenig später Haus neben Haus. Schwarzer, weicher Stein, umfasst und getragen von einer bläulich-grauen Unterhose. Halbrunde Kelleraugen über dem Bürgersteig. „Als Onkel Heinz noch lebte, ham wer da immer die Kohlen durchgescheppt." Etwas seitlich, aber sichtbar, ein Tag und Nacht erleuchtetes Viereck aus Kaktus und Gummibaum. Gardinengewölk, Braungelackte Leisten.

Buchsbaumrabatte und gurkenfarbenes Vorgartengitter. Steter Wechsel: flammende Lilie, Eichelkopf. „Tät dem au nich schaden, wenn der mal wieder 'n anständigen Anstrich sehen würd." Kurt Darmstädter, Ihr Malerfachbetrieb. Auf dem Deckel der ausgemusterten Abfalltonne ein Bild aus Rost. In der Mitte der blank gelederte Knauf. „Ich dacht, die gäbet gar nich mehr."

Manchmal ein alter vergessener Fahnenstangenhalter. „Fest steht und treu die Wacht, die Wacht am Rhein."

Steile Fenstergebilde, umrahmt von brüchig geschwungenem Putz. Jahrhundertwende. Kein Sims gleicht dem nächsten. Gelegentlich wird ein bedruckter Vorhang beiseite geschoben. Spätnachmittag. Kissen, Ellenbogen. An der Wetterseite Mann, Frau und Kind. Kelle, Flöte, Kreisel. Blindes Geflecht auf schimmerndem Keramikgrund. „Tja, so dachte man seinerzeit."

Etwas weiter ein einsamer evangelischer Schulhof. Papierkörbe aus Zink und dürftig angeseilte Ahornbäumchen. Sonne, Mond und viele, viele Sterne aus Transparent. Koch-AG, 16 bis 18 Uhr. Vorher Tischtennis auf glattem Beton. „Wir sind aber zu viele." Dann eben Rundlauf. Der Schellenschrei weit über den leeren Platz. „Melissa liebt Dominik." Bis zum nächsten Regenguss.

Ein weißer Triumphbogen aus Klebebuchstaben weit über die Glasfront. „Chemische Vollreinigung. Martha Götzen." Links ein sinnenstumpfes Plakat von der Diakonie. „Helfen+Heilen. Vom 28.11. bis zum 16.12." Nebenan die ehemalige Fahrschule Dahmen. „Da hab ich sogar noch gelernt." Halbierter Motor auf schmalem Fensterbrett. Hubraum und Zweikreisbremse. Nie richtig kapiert. Heute „Türk Vatan Gida. Pazari." Auberginen in der Auslage und rotgoldenes Teeservice im Karton.

Hinten im Hof die Teppichstange. Im Gras ein runzeliger roter Ball mit weißen Punkten. Ein vernachlässigtes

Vogelhäuschen vom letzten Winter. Im Schuppen staubiges Gerät. „Jaha, als der Oppa noch seine Karnickel hatte." Party-Rudimente an den Kalkwänden. „Angie. Angiiiiie!" Mick Jagger auf verschossenem Bravo-Rest. Reliquie heiliger Jugend. „Die Flaschen könnte auch mal endlich jemand wegbringen. Kinder, ich hab's euch schon so oft gesagt."

Drüben wieder jene merkwürdige Geometrie der Gründerjahre. Warum eigentlich Gründer? „Ich kannte mal jemanden, der wusste das." Nachts die Antennen wie schwarze Flamingos zueinander gekehrt. Matt beschienene Silhouette aus Feuerleiter und First. Irgendwo der frühe Frank Sinatra, Mantelkragen und Zigarette. „Fly me to the moon, let me play among the stars."

Zeit für 'n Bier in der Pilsquelle nebenan. Vorher noch kurz bei Marlene vorbei. Grill-Schnellimbiss. „Heut hätt ich mal echt Nerv auf 'n lecker Hähnchen." Im Vorraum die Zigarettentruhe. Hinter blass-grün-gelbem Butzenglas ein abgehalfteter Tannenbaum. Sich nun beherzt durch zwei widerliche Wolldecken zwängen. Obdach finden bei Bundesliga und Pommes mit Majo.

KLEINE DUISBURG-BALLADE

Wer hat dich nur
vor diesen weiten Wiesen
so lieblos abgesetzt
du Stadt am Strom

dich streichelt so schnell niemand
mit des Pinsels Poesie
dir sang noch keiner ein Gedicht
aus klingend Glas
und rot-zartem Hirtenwein

du findest allenfalls Beachtung
Worte wie „so, Duisburg – interessant“
sind dir schon Zuneigung genug
blickst dann scheu beiseite
still erduldend so viel Augenmerk
und Herz das man dir nahebringt

kommst lieber gleich zur sogenannten Sache
zeigst dort Daten
hier die Heimbilanzen
bist in vieler Hinsicht Größtes oder Längstes
ohne doch
recht eigentlich Bewunderung zu wirken
breitest Pläne aus
wo heute oder morgen Häuser sterben
und kalte Brunnen forsch verzweifelt auferstehn

doch halt
Sie blinder Seelensucher Sie
bevor Sie sich über die Brücke der Solidarität
ins Grüne davonmachen
sollten Sie
wenigstens für eine Stundenfalte
das Quartier wechseln

vielleicht nur eben mal
bei Kurtchen rein sehn
ein Pils mit Kennerauge kau'n
Aufstellungssorgen sich zu Eigen machen
Roswitha beobachten
wie sie kunstvoll die Pommes zusammenwickelt

dann rasch hinaus in den grauen Regen
an einer Haltestelle
gerade jemanden mit niederrheinischer Empörung
sagen hören
„o kumma wat 'n Dollen"
und jemanden anders
mit vergleichbarer niederrheinischer Erstauntheit
antworten lassen
„also dat gibbet doch überhaupt nich"

mit Aktentasche und Thermosgerät
über eine Baustelle stolpern
bei Heinz Spöltmann
dem freundlichen Kohlenfritzen aus Neumühl

noch rasch ein wenig Politik betrachten
„die machen ja doch wat se wolln“

in einem langweiligen Polo Variant
über die Nord-Süd-Achse schleichen
dorthin wo Staub und Stahl
den Himmel rot zerfurchen
in Höhe der alten Kolonie
nur gerade nachsehen, ob die Bohnen schon kommen
Wortfetzen einatmen
die durch Kleingärten wehen
„Herr Pastor, wie isset, noch 'n Tässken?“
„ach danke Frau Koslowski Sie wissen doch: mein Magen“
„o nee is doch lecker
oder noch 'n Stücksken Kirresch?“

später
sachte ein Fenster aufmachen
und den verträumten Erzählungen der Schiffe lauschen
die dunkel ihre Trauer über die Ufer tuten
bevor sie im Neuenkamper Nebel verschwinden

wie?
ach richtig ich vergaß
Sie haben hier nur dienstlich zu tun

schade.

IM BANNE DER SCHRANKE

Manchmal denke ich, da hat jemand nur sein graues Scheuertuch liegengelassen. Aber ist damit alles über Wanheim gesagt? Nein, gewiss nicht. Lass uns für einen Moment ein Auge draufwerfen.

Etwa das allgegenwärtige Körperbefinden. Rückenschmerzen zum Beispiel sind beliebt. Hier. Nee, da … 'n Stücksken tiefer. Genau da. Immer wenn ich mich nach 'm Duschen föhnen tu. Dat zieht vielleicht dahinten. Da machse dir gar keine Begriffe von. Aber nix drum geben, sarrich immer. Am besten gar nich dran denken. Und sonst? Ziemlich besch … eiden. Entschuldigung. Weh dem, der klagt. Und Fluch dem, der gar Grund zum Jubeln wähnt. Da zerrt jeder lieber sein Zipperchen wie ein willkommenes Zaumzeug durch die Rheinstahlsiedlung.

Oder unsere maßgebende Bahnlinie. Tag um Tag schert sie sich einen feuchten Berzeliusdreck um unseren Bedarf an Selbstbestimmung und erträglicher Laune. Schlendern wir gerade mit viel samstäglicher Muße im Beutel Richtung Markt, so beliebt es ihr sicher, uns zügig durchzuwinken. Wenne dich beeils, dann krissese noch. Haben wie es dagegen einmal wieder ein wenig dringend, so können wir glatt einen Wanheimer Taler drauf wetten, alsbald in mählich rieselnde Verzweiflung geklingelt zu werden. Leben im Banne der Schranke.

Nimm die Luft. HKM-gerötet, bleigeschwängert, gesenkschmiedendurchdonnert. Ist sie nun eigentlich besser geworden? Sehen tut man ja nicht mehr so viel. Mein Gott, wenn ich dran denk, wie wir früher den Schmutz vonne Scheiben geholt haben. Schlimm! Sonne dicke Schwarten! Jede Woche. Kannze se alle nach fragen. Ja, Moment, Moment, Moment. Meinst du denn, dat dat heute viel anders is? Dat siehße nur nich mehr so, dat is alles. Aber ich sarrauch immer: Wenn wir dat alls wüssten, wat da alls drin is, dann könnze gleich 'n Kranz in Auftrach gebn.

Oder die häuslichen Nachbarschaften. Niemand wird hier auf offene Feindschaft treffen. Allerdings auch nicht auf innige Eintracht. Das Miteinander zwischen Fluren, Höfen und Etagen ist weder erfreulich noch unerträglich. Man lebt. Und sonst? Muss. Niemand will es mit jemandem auf immer verderben. Ich sach schon gar nix mehr. Allerdings sich auch von keinem in den Sauerbraten reden lassen. Soweit käm dat noch. Du kanns ja von mir aus gerne tun und lassen, watte wills, aber mittags muss ich warm haben, da gibbet nix. Zwölf Uhr. Sons kannze mich für 'n Rest des Tages inne Pfeife rauchen.

Auch ist nie ein Wanheimer je ernstlich böse gesichtet worden. Wohl ist man häufig ziemlich sauer oder hat einen echten Brass. Doch jene wütende Unversöhnlichkeit, derer wir uns allenfalls im Nachmittagsprogramm bei RTL 2 erbauen, bereitet den Hiesigen nachgerade leibliche Pein. Wenn ich eins nich vertragen kann, dann isset Streit. Also lasset. Umgekehrt hat aber auch die ausgelassene Fröhlichkeit ihre deutlichen Grenzen. Der letzte hemmungslose Lacher wurde etwa um die Jahrhundertwende vernommen. Er war einfach zu laut. Zu entschieden für die Sache des Humors. Seither stürzt sich die Lust am Leben auf den Genuss von Schinkenröllchen, die Pflege einer Begonie oder die Ziehung der Lottozahlen.

Das Wetter. Ein Kapitel für sich. Wann war es hier eigentlich das letzte Mal richtig heiß? Kann ich mich nich mehr dran entsinn. Jo, neunundfünzig, da kannze recht haben. Heimatland, wat sind uns damals die Geranien vertrocknet. Oder dick geschneit? Ich weiß ja noch, als Kind, wie Ende der Zwanziger der Rhein zugefrorn war. Beim Onkel Werner müssten davon noch Fotos zu finden sein. Heute allerdings ist das Klima durchgehend ziemlich. Ziemlich warm für die Jahreszeit. Oder ziemlich nass oder ziemlich kühl oder ziemlich trocken. Der Garten könndet weiß Gott gebrauchen. Meistens allerdings ziemlich diesig oder ziemlich usselig. So fühl ich mich auch schon die ganze Woche, ich weiset au nich. So usselig. Verstehßе.

Ja, die Zeit damals. Die war eben so. Die Erwerbslosigkeit, wat wolltesse denn machen? Wat hätts du denn gemacht? Siehße. Und alles war nun auch nicht so schlecht, wie se heute immer sagen. Dat ich immer noch so kann, wie ich kann, dat hab ich immerhin dem Landjahr in Pommern zu verdanken. Also. Onkel Ewald hat sich ja neununddreißig Jahre freiwillig gemeldet. Sicher, man war jung und unwissend. Aber kuck se dir doch heute an. Mit 'm Taxi nach 'm Sozialamt. So isset doch. Ja, das Textilgeschäft Jessel stand da, wo später Hellwig hinkam. Juden, sicher. Aber hat man so nich viel von gemerkt. Irgendwann waren die dann nicht mehr da. Ich sach noch neulich zu Helma: Dabei waren das so sympathische Leute. Manchmal versteht man's nicht.

Die Pastoren gehörten ja alle zur Bekennenden Kirche. So wird einem jedenfalls ungefragt versichert. Übrigens eine der ganz wenigen Gemeinden hier im Umkreis. Im Gemeindehaus die russischen Fremdarbeiterinnen. Kann ich mich noch gut dran erinnern. Über den wenigen Gräbern ihrer dahingekümmerten Kinder liegt heute Kies und manches Vergessen. Doch den Opfern der Kriege gilt unser alljährliches Innehalten. Und ein Kranz vom Heimat- und Bürgerverein. Für Kundige auch eine Wochenseite in der Gedenkhalle. Gott aber sei Dank, der uns den Sieg gegeben hat.

Hexen wurden übrigens noch keine ins Feuer gejagt. Aber manch eine ist hier doch schon mit bellendem Blick und verderblicher Zunge auf immer des Dorfes verwiesen worden. Das Misstrauen allem Anderssein gegenüber nistet in jeder Sofafalte. Mein Gott, wie die rumläuft. Dat kannze doch nur noch verbrennen. Und das Unverständnis über vielfach gesichtete Schwierigkeiten, vor Ort dauerhaft Wurzeln zu schlagen, ist groß. Wieso, is doch schön hier. Wenn ich in Hochfeld wohnen würd, tät ich in Wanheim Urlaub machen. Im Banne der Schranke.

Natürlich, jeder ist herzlich willkommen. Vorausgesetzt, er vergisst so ziemlich alles, was ihm in seinem bisherigen Dasein lieb und teuer war. Ausländerfeindlich gesonnen ist hier selbstverständlich niemand. Dem Hüseyin seine Frau, die ham wer doch damals noch um drei Uhr inne Nacht, um drei Uhr, sarrich, nach Huckingen gefahrn. Aber das blätternde Hakenkreuz nahe dem Verteilerkreis hat lange Jahre auf einen mutigen Pinsel gewartet.

Ist damit alles über Wanheim gesagt? Gewiss nicht. Aber jenes graue Scheuertuch, du erinnerst dich, es will mir nicht aus dem Auge. Irgendjemand muss es hier liegengelassen haben.

ICH WEISS NICHT, WIE ES DIR ERGEHT

Ich weiß nicht wie es dir ergeht
wenn warmes Grau im Westen steht
wenn Blei über den Wassern schwebt
und Angst am Uferboden klebt

wenn Sommertags ein feistes Fest
dich unbemerkt erfrieren lässt
weil wieder mal beklemmend bieder
Instinkte rieseln mählich nieder

wenn über Mägen und Gemüt
Dumpfsinn mit Jägersoße sprüht
und zwischen Mett und Flackerscheiben
bald Türkenscherze Kreise treiben

wenn in den Schreberquarantänen
sich rotten Richter und Hyänen
und hinter falben Fensterluken
gesunde Volksbegehren spuken

wenn man mit molligen Sentenzen
Gewissen wienert bis sie glänzen
und Worte wiegelt wendet faltet
dass alle Lust darin veraltet

wenn schon die offnen Totenwagen
die Träume aus dem Heute tragen
und um dich her die matte Welt
anbei in einen Griestopf fällt

ich weiß nicht wie es dir ergeht
wenn jenes Grau im Westen steht
und also Schrecknis und Behagen
sich schon beängstigend vertragen

ob du dann fliehst mit Bitterlachen
vor all den flauschen Lodendrachen
oder gestehst: Dies dunkle Land
ich liebe es. Drum halt ich stand.

AND THE LIVING IS EASY

Bevor ich wieder los muss, einmal noch kurz um den Innenhafen. Die Sonne hängt zwischen Stresemannstraße und Philosophenweg rum und vertändelt den Vormittag. Grachtengleichmut. Irgendein sonntäglicher Außenlautsprecher wuselt sich durch verblätterte Erinnerungen.

„... summertime ...“

Blue Notes und Bundesligakommentare. Die Mattigkeit des Seins. Gott sei Dank drüben das „Bolero. Fresh Restaurant & Lifestyle Bar“. Grüne Fensterleisten in altem Stein, neuerdings. Sandstrahlgeblasenes Anti-Aging für eine Szene im Werden. Speicher und Penthouse und Speicher. Ein Hauch von Altona. „Büroflächen ab 150 qm. Attraktiv – flexibel – businesslike.“

„... and the living is easy ...“

Die Küppersmühle. Mühle? „Ich denke, Verena wird schon selbst am besten wissen, wie sie das mit Lars geregelt bekommt.“ Davidoff und frischer Stangenspargel. „Vor zwei Jahren waren wir mal mit dem Kollegium in Walbeck. Schmeckt aber auch nicht anders, ehrlich gesagt.“ Von Ferne das apathische Rauschen der A 59. Vornean schlabbert „Kunst.Kunst.Kunst“ an gerichteten Stangen. Und auf dem Wasser treibt eine, scheint's, unglückliche Plastiktüte. Seinerzeit bei „Plus“.

„… fish are jumping …“

Unter Betongerumpel rasch rüber auf die andere Seite. Der Horizont voller träumender Güterwagen. „Als Kind wollte ich mich immer in so einem Waggon verstecken und bis Buffalo reisen.“ Irgendwie müsste man von hier aus auch an die Ruhrwiesen kommen. Modellrennboote zersägen die duffe Luft. Ejaculatio praecox an der Spritzdüse, bei der sich offenbar jemand etwas gedacht hat. „Wat ham wer gelacht.“

„… and the cotton is high …“

Brache und Kiesgrubenfeld. Löwenzahn, staubige Kamille. „Junge, ich mach dir mal am besten gleich ein Dampfbad.“ Wenig später die alte Weberei. „Vielleicht vertu ich mich da aber jetzt auch.“ Im Eingangsbereich „Mental-Balance“ zum Schnupperpreis. Draußen ein paar gesetzte Enten. „Gelassenheit, ja die kann man von denen lernen.“ Wie der Angler da drüben. Wo? Ach so, der.

„… oh your daddy's rich …“

Durch wandgroße Fensterrahmen ein Blick rüber zur neuen Synagoge. Juden in Duisburg. „Sehr lesenswert, sag ich Ihnen, sehr, sehr lesenswert.“ Das Polizeiauto kann man gerade so eben von hier aus sehen. „Schlimm.“ Aus halber Distanz erhebt Salvator sein mächtiges Haupt und mahnt zum politisch Richtigen.

„Das fängt ja bereits mit der Sprache an." Moralische Minenfelder. Schnell weiter.

„… and your ma is good looking …"

Nun schlendernden Schrittes an ein paar gekälkten Mauerresten vorbei. Stillleben: Bündel Mensch auf Aluminiumbank. Dose, Wochenanzeiger, abgelutschter Pommesteller. „Wer weiß, vielleicht ist der glücklicher als unsereiner." Marina, der schaukelnde Traum inklusive monatlichem Wochenmarkt. „Ich hab ja noch die Platte von Rocco Granata." Sizilianische Eröffnung mit Schifferklavier. „Ti voglio al più presto sposar." Die greifbare Hängebrücke nebenan wohl aus Wuhan oder noch von der letzten Landesgartenschau in Wattenscheid. Egal.

„… so hush little baby, don't you cry …"

Einstürzende Altbauten. Birkenwuchs und wippendes Stahlzeugs im Wind. Freigebrochene Treppenhäuser zu längst Undurchdringlichem. Hat hier nicht der Schimanski mal gedreht? „Mich hat immer gestört, wie da das Ruhrgebietsklischee bedient wurde." „Aber die Jacke war cool." Gewaltige Krangebilde von ehedem und neues, keckes Unternehmertum. „Schöne Zähne. Hier am Innenhafen." Schließlich: RWSG. Was war es noch? Ach richtig.

„… one of these mornings …"

Aufatmen am Schwanentor. Flutende Gemengelage stadtein, stadtaus. „Kinder, lasst uns kurz mal zu C & A." Jenseits der Anleger. Hafengestaune. Seit irgendwann der größte der Welt. „Da kuckse, ne." Zwei Stunden Bruttoregistertonnen, Kommanditgesellschaften und Ammergauer Musikanten. Diesseits bis vor Kurzem noch das Haus am Hafen. Unerzählte Menschenschicksale. „Gut, dass die Diakonie sich drum kümmert." Karmel ruft zum Stundengebet.

„… you gonna rise up singing …"

Klee und klebrige „Mars"-Papierchen inzwischen fest in Schienenhand. Kultur- und Stadthistorisches Museum Duisburg. „Ach, du liebes Lottchen." Gerhard Mercator. Sollte man wissen, sollte man wissen. „Gelehrtes Duisburg. Die Universität." Aber auch die MSV-Ausstellung nicht schlecht. „Wir sind die Zebras." Damals, dreiundsechzig. Übrigens noch mit Helmut Rahn. Nicht möglich. „Doch. Glaubet."

„… then you spread your wings …"

Duisburg im Jahre 1566. Nach Maßgabe von Johannes Corputius und in Bronze zu betasten. Wie überschaubar damals noch alles war. „Meine Zeit, wenn ich heute dran denk." Nebenan hat jemand ein Stück vom Klostergarten Kamp liegengelassen. Vor der wiedergefundenen Stadtmauer Teppichstangentore. „Drei Ecken ein Elfer." Dort links neben dem Balkon mit der vertrockneten Hängepetunie hat Ronald seine Eigentumswohnung. „Die Aussicht nicht schlecht, aber es wär mir, ehrlich gesagt, zu teuer.“ Licht und Schatten auf dem Springwall. Lebendiger Impressionismus.

„… and you'll take to the sky …“

Längs der Wasserkante kann man wieder und wieder etwas lernen. Tafel um Tafel. „Das ist ja interessant.“ Andererseits türkische Mütter und ganz lockere Väter unterhalb von mancherlei sozialpädagogisch durchdachtem Spielgerät. „Ansgar, das scheint mir etwas gefährlich zu sein.“ Nun wieder ungetüme Brocken, Pflasterrudimente und welliges Grasgebilde. Kunst oder versehentlich stehen gelassen? Ist das so wichtig? „Schön jedenfalls, dass man nicht alles wegradiert hat.“ Astrid weiß immerhin, dass industrielle Spurenelemente auch so etwas wie Runen der sozio-kulturellen Identität einer Stadt sein können. Sie promoviert, glaube ich, gerade über irgendetwas. „Panks are not deaths.“

„… but till that morning …“

Schließliche Einkehr in der Faktorei. „Mit freiem Blick auf den Innenhafen.“ Silvester mit Prosecco-Empfang und DJ Daniel. Anmeldung ab sofort. „Man hat sich doch schon was einfallen lassen. So ist es nun auch wieder nicht.“ Zum Sprechen gebrachte Historie, provokante Ästhetik und wiedergewonnene Urbanität. Außerdem ist nächste Woche Stadtfete. „Da muss ich allein schon wegen der absolut ultimativen Pilzpfanne hin."

„… there's a nothing can harm you …"

Der kleine Himmel über den ehemaligen Speichergiebeln denkt sich sein vorläufiges Teil.

„… with daddy und mommy standing by …"

(Diese Erzählung wurde beim Oberhausener Literaturpreis 2006 mit dem dritten Preis ausgezeichnet.)

DUISBURG, SPÄTERER SONNTAG

Heut hat der fahle Nachmittag
den abgeblichnen Trenchcoat um
sein Weib die leicht gedehnte Weile
hat er wie meist gleich mitgebracht

nun stehen sie am Sonnenwall
und schweigen sich mit Worten an
vielleicht nachher ins Hollywood
weiß nicht genau ob Lust und so

ein Straßenwind treibt Weib und Tag
dann durch den Brunnenboulevard
durchfetzter Staub kreist winselig
um Lehmbruck Litfass stummes Gehn

vom Turm der Abend Gott sei Dank
ein Pils ein Döner ein Billett
schon hängt der Trench im alten Flur
und wartet auf das nächste Mal.

CHARAKTER EINER ANSICHTSKARTE

Oft im Verlaufe der letzten dreißig Jahre hatte Roberts Blick in dem Bild verweilt. Es war eine Ansichtskarte der unteren Preiskategorie. Sie hatte seinerzeit, daran erinnerte ihn gelegentlich die etwas überwischte Bleistifteintragung in einer Ecke der Rückseite, 30 Pfennig gekostet. Am Tag, bevor er für längere Zeit der Stadt seiner Jugend den Rücken kehrte, hatte er die Karte in dem kartonartigen Kaufhaus erstanden, das ihm bis dahin vor allem durch seine vielen Sonderangebote an Socken und Gebrauchsgeschirr aufgefallen war.

„Abendstimmung am Niederrhein." Der Fotograf zählte sicher nicht zu den technischen Meistern seines Fachs. Aber er hatte, wie Robert fand, etwas „verstanden" von dieser Welt, die er nun zugunsten einer – jedenfalls aus damaliger Sicht – relativ ungewissen Zukunft hinter sich zu lassen hatte. Das geheimnisvoll von hinten durchbrechende bläulich verhaltene Licht, das unstete Flirren über der nassen Niederung, das stumpf ins Wasser ragende Gehölz und die feinen Äderungen der laublosen Weide gegen den Himmel – all das verriet ein Verstehen, das Robert bislang meinte, einzig für sich reklamieren zu können. So ward am Tage des Abschieds unverhofft ein Verbündeter entdeckt. Sein Werk sollte ihn in die Ferne begleiten.

Immer wieder hatte er seither den Anblick des kleinen, unscheinbaren Meisterstücks aufgesucht. Wohl hatten die jeweiligen Umstände von Studium und Beruf Robert in mancherlei äußere und innere Distanzen zu seinen früheren Wegen geführt, allein, jene Karte war still und stetig mitgewandert, so als verbildliche sie den Teil seiner Identität, den er unter gar keinen Umständen aufgeben wollte. Oft hatte er auch darüber nachgedacht.

Seine vorläufige Antwort war die merkwürdige Verschlüsselung dessen, was die Fotografie vordergründig darstellen sollte. Gerade in seiner großen Einfühlung gab das Bild nichts von seinem Gegenstand preis, wahrte gewissermaßen das Geheimnis und war für Robert gerade darin sprechender als all die vielen redseligen Ablichtungen seiner Heimat, die ihn langweilten. Ihm selbst war es bei seinen zahllosen Streifungen durch das graue Gelände längs des Stroms, durch nächtliche Wälder und schweigsame Gehöfte nie langweilig gewesen. Wie gute, klärende Selbstgespräche waren sie ihm stets vorgekommen, diese Gänge ins nahe Weite.

Das alles war lange her. Jene Karte war im Laufe der vielen Jahre längst zu einem vertrauten, fest verankerten Gegenstand seiner häuslichen, gelegentlich auch wechselnden Umgebung geworden, gehörte zu den Dingen des täglichen Umgangs, die man nur noch in ihrem gewohnten Am-Platze-Sein eher unbewusst wahrnimmt. Die Zeiten, in denen er sich wieder und wieder in jene verschleierte Tiefe versenkt hatte, in der er nicht nur einer Landschaft, sondern in ihr sich selber ins Auge zu sehen meinte, waren schon lange vorbei.

Ein lächerlich belangloser Geschäftstermin war der Anlass, dass Robert nun ähnlich wie damals noch einmal vor jenem ausdruckslosen Einkaufskarton stand. Auch die Socken im Fünferpack gab es noch, inzwischen bereichert um eine bewegliche Gondel mit preiswerten Miederwaren.

Ob sie sich noch an derselben Stelle befand, die kleine Abteilung für Zeitschriften, Kugelschreiber und Ansichtskarten? Vorsichtig nahm er ein paar Schritte auf die durchströmte Eingangstür zu, um etwa rechter Hand den ungefähren Ort ausfindig zu machen, der ihm seinerzeit zum wundersamen Claim geworden war.

Noch hatte er nicht das hier inzwischen geltende Sortierungsprinzip recht durchschaut, als ihn aus dem Halbschatten eines etwas schiefen Nickelständers ein vertrautes Gesicht ansah. Jenes Bild, das ihn vor nunmehr einer guten Menschengeneration gefunden, mit ihm durch die Jahre gegangen, ihm von Zeit zu Zeit ein Stück seiner selbst vor Augen geführt hatte – es hatte hier inmitten von Badekappen und Rätselheften, bedruckten Feuerzeugen und schillernden Sonnenbrillen zum zweiten Mal auf ihn gewartet. Hatte inmitten eines ständig flutenden Angebots an Neuwaren und Wegwerfartikeln genau das bewahrt, was er, Robert, bei seinen eigenen flirrenden Querungen durch Land und Leben selten vorgefunden hatte: Charakter.

NIEDERRHEINISCHER TROST

Noch einmal wirft
nun jenes stille Aquarell
sein zartes Zauberlicht
an meine Abendwand

noch einmal scheint
aus dunstnem Grün und grauem Sog
ein trunkener Ballon
in rotem Taumeltuch

noch einmal neigt
ein gutes Horizontenblau
genau und mütterlich
sich über ferne Flur

noch einmal geht
der Schiffe Klage über Land
in treuer Spur flussab
ein altes Dämmerlied

noch einmal blickt
der dunkle Strom mir lange nach
und für die Nacht bleibt scheu
ein tröstend Ernst zurück.

PROFESSOR VAN DEN BRUCKS WANDERUNG ZUR GERECHTIGKEIT AUF DER A 40

„Aber komm bitte nicht so spät." In Julianas Stimme lag etwas Gebietendes, dem sich Roland, seit sie sich kannten, nur schwer zu entziehen vermochte. Als er das Garagentor öffnete, war ihm bereits entfallen, warum genau er heute „nicht so spät" nach Hause kommen sollte. Es war eigentlich auch gleichgültig. In Dingen des Alltäglichen konnte Juliana von einem dermaßen ausgeprägten Instinkt für das Richtige sein, dass es ihm teils resignierend, teils dankbar seit Langem zur Gewohnheit geworden war, sich in das von ihrer Seite Angeordnete zu fügen. Bei Lichte besehen hatte sie meistens ja auch recht.

„Aber komm bitte nicht so spät." Im Grunde liebte er sogar diese Art des Imperativs an ihr. Vielleicht, weil er darin immer wieder die Stimme seiner Mutter aus frühen Kindertagen herauszuhören meinte: „Aber komm bitte nicht zu spät zum Abendbrot." Seit er sich erinnern konnte, hatten solche Weisungen für ihn etwas Wohltuendes, die Welt in der Waage Haltendes. So als existiere unter der Oberfläche all der Unübersichtlichkeiten, von denen er sich von klein auf umgeben sah, eine geheime Ordnung, deren Urheberschaft ihm allerdings bislang verborgen geblieben war.

Längst hatte er es aufgegeben, hier nach irgendwelchen psychologischen Dispositionen zu fahnden. Zumal jener mütterlich bestimmende Unterton in Julianas Stimme auch seine praktischen Vorteile hatte. Vor allem wenn es um das Mancherlei des täglichen Lebens ging: etwa den Kauf eines Sweatshirts für den Übergang, die günstigere IC-Verbindung nach Hannover oder die Wahl zwischen Pizza Calzone und Lasagne al Forno. „Aber komm bitte nicht so spät." Mit solch einer schöpfergleichen Chaosbannung in Ohr und Herz ließ sich dem Unterwegssein auch dieses Tages getrost entgegenblicken. Aufgeräumt machte sich Roland van den Bruck an den Anlasser.

Wenig später bereits verließ er die Kardinal-Galen-Straße, um die vertraute Spur in Richtung Bochum aufzusuchen. Früher Freitagvormittag. Der Verkehr hielt sich heute gottlob in Grenzen. Bald schon flogen die blauen Hinweisschilder längs der Autobahn wie alte Bekannte winkend an ihm vorbei. „Mülheim-Dümpten". „Winkhausen". „Heißen". Er konnte nicht behaupten, dass ihm diese Fahrten zwischen Wohnung und Hochschule grundsätzlich unangenehm waren. Was andere seiner Kollegen als Beeinträchtigung ihrer akademischen Lebensqualität betrachteten, empfand van den Bruck durchaus als angenehm. Dieses morgendliche Hingleiten über das graue Band der A 40 war eine willkommene Schleuse zwischen der einen und der anderen Welt, deren jeder er sich zugehörig wusste. Jene – durchaus nicht gegen seinen Willen – regiert von Julianas sicherem Wesen. Diese, nun vor ihm liegende, voller intellektueller Skrupel, Einwände und Bedenken, denen er sich schon aus Gründen seines wissenschaftlichen Ethos verpflichtet sah.

Heute sollte es im Einführungskolleg um das Thema „Gerechtigkeit" gehen. Mein Gott, Roland, hörte er sich halbwitzig sagen, was ist schon gerecht? Jedem das Seine? Das klang – abgesehen von der bekannten zynischen Verfremdung über dem Tor von Buchenwald – doch immer noch plausibel. Aber was war das Seine, das Meine, das Deine? Wusste man's? Oder wenigstens jedem die gleiche Chance? Die Amis fuhren ja bekanntlich immer wieder auf diese Schiene ab. Aber im Grunde war das eine Farce, solange die Bedingungen etwa eines Chefarztsöhnchens und eines Kindes „mit Zuwanderungsgeschichte", wie es ja nun neuerdings politisch korrekt hieß, zum Himmel schreiend verschieden waren. Oder schließlich jedem wenigstens, soviel er zum Leben brauchte? Aber wer bestimmte das? Onkel Alfred hatte seinerzeit immer gesagt, er bräuchte abends sein Fläschchen Pils, sonst könnte er nicht einschlafen. Andere brauchten eine fluorhaltige Zahnpasta oder – angeblich – den Zweiturlaub auf den Malediven. Und nun sollte also er, Professor Dr. Roland van den Bruck, Ordinarius für angewandte Ethik, sich in etwa einer guten Stunde vor seine Studenten stellen, um ihnen im Brustton aller zur Verfügung stehenden wissenschaftlichen Überzeugung mitzuteilen, was gerecht sei? Lächerlich.

Anschlussstelle „Heimaterde". Er erinnerte sich an eine Geschichte, die seine Mutter in frühen Jahren von ihm notiert hatte. Sie war von der Sorte, wie man sie samstags in der Wochenendbeilage der Tageszeitung unter der Rubrik „Aus Kindermund" vorfand: „Elf Bonbons. Denn steck ich einen in den Mund. Denn kriegt Marlies fünf und ich fünf." Seine Mutter hatte dieses Beispiel frühkindlicher Gerissenheit wohl nicht ganz ohne Stolz auf ihren kleinen Roland festgehalten. Van den Bruck beschloss, mit dieser koketten Anekdote die heutige Vorlesung zu beenden, wohl wissend, dass mit solchen Pointen bei den Studierenden zu punkten war. „Essen-Zentrum". Gleich der Tunnel. Mechanisch zog er auf die linke Spur, um dem leichten Stau auf der rechten Seite zu entgehen, der sich offensichtlich den Läden und Büros der Innenstadt zuwälzte.

Wahrscheinlich würde er sich wieder mit einer längeren Wanderung von Aristoteles über Thomas von Aquin bis hin zu Hegel und Rawls durch die Vorlesung hangeln. Immerhin, belesen war er. Und das, was er selbst gelegentlich eben als „Hangeln" empfand, wurde ihm vonseiten der Studierenden, das wusste van den Bruck, durchaus als rhetorische Brillanz bescheinigt.

Aus irgendeinem Grund schaltete er das Radio ein, seit Urzeiten auf WDR 5 programmiert, „das heimliche Blind Date aller Geschädigten des Mittagsmagazins", wie er manchmal beim Kollegenstammtisch zu scherzen pflegte. „Zeitzeichen. Stichtag heute ..." Van den Bruck war noch zu sehr in seinen Gedanken, um auf die Ansage zu achten, als ihn eine vertraute Melodie aufmerken ließ: „Unter dem Pflaster, ja da liegt der Strand. Komm, reiß auch du ein paar Steine aus dem Sand …"

Wie oft hatten sie das mitgesungen. In langen Menschenketten auf irgendeiner Zufahrtstraße in dieses Nest im Hunsrück. Wie hieß es gleich? Seine zaghaften Zweifel an der Sinnhaftigkeit solcher Aktionen hatte Juliana stets mit dem Hinweis auf eine andere, gerechtere Welt, die möglich sei, zu zerstreuen gewusst. Während die Frau in der Reinigung seiner niederrheinischen Heimatstadt, der er seinen asphaltverschmierten Parka anvertraut hatte, nur eine Sorge zu kennen schien: „Treibdet nur nich zu toll!" Was ihm damals als unbedingt spießig vorgekommen war, erschien ihm nun, da sein Wagen inzwischen das Dunkel der Unterführung am Hauptbahnhof hinter sich gelassen hatte, als durchaus weise. Hatte nicht Aristoteles selbst immer wieder für den Ausgleich zwischen den Extremen, für das gesunde mittlere Maß plädiert? „Treibdet nur nich zu toll!" „Aber komm bitte nicht so spät." Vielleicht war die komplizierte Frage der Gerechtigkeit bei diesen in sich ruhenden, unbeirrbaren Anweisungen längst geklärt und zu weiblicher, menschlicher Reife gelangt, von der er, van den Bruck, Doktor der Philosophie, – so musste er sich in Höhe „Huttrop" eingestehen – momentan jedenfalls meilenweit entfernt war.

Der folgende Autobahnabschnitt forderte nun allerdings seine ganze Achtsamkeit. Von rechts die üblichen managerschweren BMWs aus Richtung Düsseldorf. Weiße Boss-Hemden hinter dem Lenkrad, den Ungerechtigkeiten dieser Welt grimmig entschlossen zustrebend. In der mittleren Spur die quälenden Laster aus Holland, aus Polen, aus Litauen – zu welchen Aristoteles und Rawls widersprechenden Zwecken auch immer. Er, van den Bruck, war schon automatisch in die linke Spur gegangen. Links, rechts? Ach, diese überholten Parameter taugten doch schon lange nicht mehr für eine differenzierende Analyse der gegenwärtigen politischen Verhältnisse. „Stichtag heute …" Irgendein Protestereignis vor nunmehr fünfundzwanzig Jahren. Gott, ein Vierteljahrhundert.

„Unter dem Pflaster, ja da liegt der Strand …" Als Kind gab es das Teekesselchen-Spiel. Man musste ein Wort erraten, das zwei verschiedene Bedeutungen hatte. Der Bauer und das Bauer. Einmal, so erinnerte er sich, hatte er das Wort „Pflaster" gewählt. Das Pflaster auf der Wunde und das Pflaster auf der Straße. Doch Marlies hatte ihn belehrt, dass das kein echtes Teekesselchen sei. In beiden Fällen handele es sich doch um etwas, das etwas anderes zudecke, egal ob eine Wunde oder eine Straße.

Irgendwer hatte ihm vor Jahren erzählt, dass unter der Straßendecke der A 40 noch haufenweise Schutt aus dem Zweiten Weltkrieg liege. Zwischen Frillendorf und Kray solle sich nur einmal jemand etwas vernehmlich räuspern, schon flögen einem die alten rostigen Fliegerbomben um die Ohren. Nun rechter Hand das vom letzten Orkan verwüstete Waldstück. Dann links die neue Radaranlage. Achtzig Stundenkilometer ohne Sinn und Verstand. Ärgerlich, fand van den Bruck, auch die Fahrbahnverengung vor Gelsenkirchen seit ewigen Zeiten.

„Aber komm bitte nicht so spät." Julianas ausgewogene Weltweisheit. „Meine Herrschaften", hörte er sich nun im Kopf vor sich hin dozieren, „verwechseln Sie bitte nicht das mittlere Maß, das für Aristoteles ja nichts anderes als das Angemessene darstellt, mit der sattsam bekannten Mittelmäßigkeit des deutschen Kleinbürgertums." Van den Bruck war für solche geistreichen Sentenzen hochschulweit bekannt. Seine professorale Eitelkeit gebot ihm, in jeder seiner Vorlesungen mindestens ein Statement dieser Güte effektvoll zu platzieren. „Wattenscheid-West". Gott sei Dank, es ging wieder zügiger.

„An diesem 26. Mai gingen Zehntausende auf die Straße, um gegen die Stationierung von atomaren Mittelstreckenraketen in der Bundesrepublik zu protestieren." Die Stimme der Sprecherin hatte, wie van den Bruck leicht missbilligend vermerkte, allenfalls die Ausstrahlung einer Biologielehrerin. Als ginge es um die Anzahl der Sporen bei der Bestimmung verschiedener Farnarten. Gerechtigkeit? Folgte man allein der Stimme der Sprecherin, hatten die Studenten ja vielleicht sogar recht, wenn sie dieses Thema wie jedes andere aufnahmen. Wenn sie sich die Thesen eines Aristoteles oder eines Thomas von Aquin „reinzogen“, wie sie sagten. So wie man sich etwa den Aufbau des menschlichen Knochengerüsts „reinzieht“, um irgendwann einmal eine Prüfung zu bestehen. „Unter dem Pflaster, ja da liegt der Strand …“ Nein, nein. Unter, hinter all den vielen Richtigkeiten musste es doch noch etwas anderes geben. Van den Bruck beschleunigte ein wenig, ohne es zu bemerken. „Wattenscheid-Zentrum.“ „Dückerweg“.

„Treibdet nur nich zu toll!“ Ja, aber die zehntausend Kinder, die tagtäglich verhungerten? Die vielen namenlosen Folteropfer, die vielen unschuldigen Toten in Bagdad, in Kabul, im Gazastreifen? Nein, er würde heute nicht mit Aristoteles glänzen, seine wertvolle Zeit nicht mit der Unterscheidung von austeilender und ausgleichender Gerechtigkeit verplempern. Er würde kühnlich ein Foto mit dem Bild eines neunjährigen Kindersoldaten an die Wand werfen. Er würde sein Auditorium fragen, herausfordern, zur Not anschreien, ob sie, die sie meinten, sich ein bisschen Weisheit für die Prüfung mal eben so „reinziehen“ zu können, denn allen Ernstes eine solche Welt für gerecht hielten. Ob das denn ihren Idealen von einer besseren Zukunft entspräche. Ob sie denn überhaupt noch Ideale hätten, für die es sich zu kämpfen lohne, oder ob sie sich nicht schon längst behaglich eingerichtet hätten in einer Welt der Comedy-Quoten und Flatrate-Partys. In einer Welt zynischer Vergnügungssucht und tödlicher Apathie, in welcher offenbar schon der Begriff der Gerechtigkeit zu einem Fremdwort geworden sei. Ja, er würde ihnen ihre ganze Spaßgesellschaft, ihre ganze unpolitische Genuss-sofort-Ideologie, ihre ganze Fun-Geilheit um die Ohren hauen, dass es nur … herrjeh, schon „Stahlhausen". Noch dreihundert Meter. Gerade so eben gelang es ihm, sich vor dem Sattelschlepper mit dem „Frischobst vom Niederrhein" rechts einzufädeln.

Kurze Zeit später befand er sich bereits im Aufzug des Dozententraktes. „Ah, Herr Professor van den Bruck, gut dass ich Sie sehe." Neben ihm stand eine seiner Studentinnen, von der er in der laufenden Vorlesung eigentlich nicht viel mehr als deren Oberarm-Tattoo und die textilfreie Nabelzone wahrgenommen hatte. „Sie sind doch sicher so lieb und unterschreiben. Wir machen da gerade diese Aktion gegen die drohenden Studiengebühren. Sie wissen schon. Wir finden: ein total ungerechtes Ding, was da zur Zeit abgeht." „Ungerecht? Ja, natürlich …"

Während van den Bruck ungelenk und etwas Zeit schindend nach einem Kugelschreiber suchte, machte sich plötzlich sein Handy bemerkbar. „Roland, kannst du mich verstehen? Die Verbindung ist ganz schlecht." Gleichwohl klang Julianas Stimme vertraut und fest. „Du, ich habe eine Idee für heute Abend. Im Schlosstheater läuft da gerade dieses Pirandello-Stück, du weißt schon. Ich las, es sei eine ganz ausgezeichnete komödiantische Inszenierung. Ohne die üblichen Ablacheffekte. Im Kulturteil gestern stand, warte, ich hab es gleich … ah ja, hier: ‚Ein Humor, der endlich einmal nicht bürgerlich zupflastert, sondern wohltuend schmerzhaft aufdeckt und damit womöglich mehr zu einer gesellschaftlichen Gerechtigkeit beiträgt als so mancher …' Und so weiter und so weiter. Ich finde, wir sollten da hin. Ich würde mich auch um die Karten kümmern, wenn du möchtest. Was meinst du?" „Ich will sehen, was sich machen lässt." „Du, ich freue mich. Aber komm bitte nicht so spät."

Als Professor van den Bruck wenige Minuten danach an das Pult trat, um sein Auditorium wie gewohnt souverän auf eine längere Wegstrecke durch Höhen und Schluchten abendländischen Denkens mitzunehmen, war ihm, als sei ihm irgendwo unterwegs sein Reiseproviant abhanden gekommen.

(Mit dieser Erzählung belegte der Autor beim VHS-Literaturwettbewerb der Stadt Siegen 2008 unter 923 Teilnehmenden den fünften Platz.)

IRGENDETWAS STIMMT NICHT MEHR

Du irgendetwas stimmt nicht mehr
Dezember sah ich Birkengrün
und warmer Wind strich um das Jahr
die Bahnhofsstrände zu besehn

ein Bündel Mensch auf Handelsblatt
gebettet kaltes Dosenglück
der Groll der S-Bahn drüber her
du irgendetwas stimmt nicht mehr

war früher hier nicht ein Café
und schwerer Flieder rechter Hand
der Juli roch nach Staub und Teer
du irgendetwas stimmt nicht mehr

das Tor zum Werk längst tatenlos
wo einmal Dampf und Schweiß und Fluch
Geleise ohne Wiederkehr
du irgendetwas stimmt nicht mehr

der Puls im digitalen Takt
gefrorner Heimatmelodien
Infarkte regeln den Verkehr
du irgendetwas stimmt nicht mehr

sieh den geleimten Kormoran
der Hungermord tanzt Rap im Tschad
ein Kern zerspaltet Land und Meer
du irgendetwas stimmt nicht mehr

das bisschen Angst vorm großen Knall
wird aus dem Abend rausgezappt
ich glaub so geht es ungefähr
du irgendetwas stimmt nicht mehr.

MAN KANNET AU ÜBERTREI'M

Man spricht ja immer so viel von der wundersamen Wechselwirkung von Landschaft und Seele, Boden und Gemüt eines Volkes. Die notorische Melancholie etwa des Emsländers ist auf diese Weise ebenso leicht aus dessen klebriger Ackerscholle abzuleiten wie der bekannt wetterwendische Charakter des Mittelitalieners aus dem auffallend ungeordneten Lauf des Tiber. Hier gibt es offenbar nicht zu ignorierende Querverbindungen zwischen Materie und Geist, Stoff und Form, sichtbarer und unsichtbarer Welt.

Nicht anders am Niederrhein. Nur Unkundige wundern sich immer wieder über die hier allewege anzutreffende Art, zielsicher das rechte mittlere Maß zu erwischen. Schon ein Aufblicken am diesigen Horizont entlang reicht doch gemeinhin, um Wesen und Naturell der hier Ansässigen rasch zu erfassen. Klare Gegensätze? Harte Fronten? Extrempositionen? „Mein Gott, man kannet au übertrei'm." Es ist wie auf dem matschigen Boden. Gestaltung des Vorgartens, Urlaub in Katwijk an Zee, Weihnachtsfeier im Hundeverein. Nichts wird übertrieben.

Alles auch nur von Weitem als außergewöhnlich Verdächtigte wird alsbald auf die überschaubare Proportion einer Tasse Nudelsuppe verträglich geredet. „Wissen Se, im Moment bin ich da überfragt." Auch in ärgsten Notsituationen ist man meist nur „im Moment" etwas daneben oder „im Moment" ein wenig von der Rolle. Eklatante Wissenslücken werden dergestalt weichgespült, dass man gerade „im Moment" nicht sagen könne, wie man am schnellsten etwa von hier nach Holderberg gelangt. Selbst desolateste Prüfungsleistungen finden ihre Begründung meist in der beschwichtigenden Erklärung, man sei bloß „im Moment" nicht drauf gekommen, wie der Satz des Pythagoras laute.

Das rechte mittlere Maß. Das hat auch immer etwas mit dem Blick für die argumentative Balance und der Fähigkeit zur kommunikativen Deeskalation zu tun. Denn überall da, wo es auch nur irgendwie heftig werden könnte, hat man am Niederrhein vorsorglich die verbale Bremse eingebaut. Zum Beispiel bei der Frage, ob man sich nun zum Kauf eines leichten Baumwollpullovers entschließen soll oder nicht. Der durchschlagende Gesichtspunkt, es zu tun, ist dann eher nicht der Hinweis, dass ein solches Kleidungsstück immerhin vor Wind und Frost schütze, sondern dass man es „schon mal" ganz gut drunterziehen könne. „So für die Übergangszeit, weiße." Was und wann auch immer eine solche sein mag. Strickjacken? Sweatshirts? Sportliche Halbschuhe? „Trag ich sonst eigentlich gar nicht. Aber schon mal so für die Übergangszeit." Die Leichtigkeit niederrheinischen Wesens als prinzipielles Sein in der Schwebe.

Oder auch der Besuch bei Tante Irmhild. Ist nun der zweite Weihnachtstag fest vorgesehen, ja oder nein?

Die Ausgleich schaffende Antwort: An Fest- und Feiertagen fahre man gelegentlich „schon mal“ in Hiesfeld vorbei. So wie Vattern, der sich „schon mal“ ein Bierchen trinken geht. Und Muttern, die darüber „schon mal“ ziemlich sauer werden kann. Genauso übrigens wie es am Niederrhein auch „schon mal“ regnen kann. Aber natürlich durchaus auch „schon mal“ die Sonne durchkommt.

Meistens ist es hier allerdings, wo wir „schon mal“ dabei sind, ziemlich „usselig“. Was das nun wieder ist? Nun, es ist eigentlich die dem Niederrheiner präzisestmögliche Bezeichnung einer immer irgendwie zutreffenden Befindlichkeit. „Ich fühl mich heut so richtig usselig.“ Kann man es genauer sagen? Schwerlich. „Usselig“ ist das Wetter, die Leberwurst, die noch von letzter Woche liegen geblieben ist, das ganze momentane Lebensgefühl, ja die niederrheinische Wesensart schlechthin.

Damit sind wir wieder – aber der Exkurs war notwendig – beim Ausgangspunkt unserer Überlegungen angelangt, dem geheimnisvollen und doch so evidenten Zusammenhang von Landschaft und Seele eines Volkes. Wundern sollte sich jedenfalls niemand über die so wohl nur am Niederrhein anzutreffende Faszination des Nicht-Festgelegten. Ein Blick nach draußen genügt. Nebel, Mischobst, ausgefranste Pfützen. Das ist der Stoff, aus dem das mittlere Maß seinen genetischen Code bezieht.

Wie? Man könndet au übertrei'm? Ach, wissen Se, dat passiert „schon mal“, wennet ei'm „im Moment“ so 'n bisken „usselig“ is.

DAS SOLL'S NUN KLEIN BEI KLEIN

(auch zu singen nach der Melodie „As Time Goes By“)

Das soll's nun klein bei klein
für heut gewesen sein
ein bisschen querfeldein
Geschichten hier und dort
vom alten Niederrhein.

Von Meiderich bis Vluyn
zog sich die Sache hin
gemütvoll und gemein
Geschichten hier und dort
vom alten Niederrhein.

Kehrt doch mal selber
in die Dämmrung ein
streift durch die Felder
spuckt mal übern Rhein
ist dieses Fleckchen
Erde nicht auch manchmal
etwas liebenswert.

Es war das ist schon klar
manchmal hart am Eklat
drum lassen wir's jetzt sein
die Geschichten hier und dort
vom alten Niederrhein.

NIEDERRHEINISCHER DREISATZ

Entschuldigen Sie. Da hätte ich doch beinahe was ganz Wichtiges vergessen. Gut, dass mir das noch gerade so eben eingefallen ist. Um Himmels willen. Das geht ja gar nicht.

Also: Ich weiß nicht, ob Ihnen das schon mal aufgefallen ist. Aber jeder Mensch liebt ja bekanntlich irgendwas. Tja, Beispiel, Beispiel, Beispiel. Wo soll ich jetzt so schnell ein Beispiel hernehmen? Also, sagen wir mal so: Der eine liebt seine Frau … gut, war jetzt ein bisschen weit hergeholt. Der andere liebt seine Bierhumpensammlung. Tante Margot z. B. liebt Jörg Pilawa. Und Pastor Venneken sein akademisches Mittagsschläfchen. Und unser Deutschlehrer Dr. Auf dem Hövel damals liebte vor allem seine eigene Meinung. Und der Niederrheiner? Kann ich Ihnen sagen.

Der Niederrheiner liebt – und nun müssen Sie für einen Moment mal ganz tapfer sein – der Niederrheiner liebt … den Dreisatz. Ja, ich merke schon, Sie stehen jetzt unter Schock, weil Sie wahrscheinlich gleich wieder an Ihre traumatischen Mathe-Erfahrungen denken damals: 4 Sack Kartoffeln kosten 6 Mark 50. Wie viele Stunden braucht der Gemüsehändler, um auf schnellstem Wege von Oermten nach Aldekerk zu kommen? Oder so ähnlich.

Nein, der niederrheinische Dreisatz ist schlicht die Kunst, Bedeutsames in trinitarisch verknappender Form auf den Punkt zu bringen: sa-gen-haft. Wo andere mindestens drei eigene Sätze brauchen, ja sich vielleicht in stundenlangen Redeergüssen ergehen, etwa bei der schlichten Frage, wie denn eigentlich der letzte Urlaub in Cala Millor war, da zückt der Niederrheiner flugs seine trigonometrische verbale Scheckkarte: sa-gen-haft. Genauer hätte man es in einem sorgfältig durchstrukturierten Grundsatzreferat auch nicht sagen können.

Und wie macht sich Benedict, der doch erst kürzlich auf die Realschule gekommen ist? Ganz fabelhaft, der Bengel. Fa-bel-haft. Aber die neue Hauswirtschaftslehrerin, die die da jetzt gekriegt haben, in welcher Aufmachung die da beim letzten Elternsprechtag rumgelaufen ist: un-mög-lich.

Wir merken schon, der niederrheinische Dreisatz beschränkt sich nicht nur – wie damals etwa die beliebten Beispiele mit dem Kartoffelsack – auf die freundlichen und förderlichen Seiten des Alltags. Nein, nein, er stellt sich vielmehr mutig und unerschrocken gerade auch den Widrigkeiten und Unpässlichkeiten, dem Misslichen und der Unbill des Lebens.

Sag mal, wie siehst du eigentlich schon wieder aus? Ver-bo-ten. Dorothees Abneigung Heike gegenüber ist, da macht sie überhaupt kein Geheimnis draus, abgrund-tief. Baldwin übrigens findet den neuen Hera-

Lind-Roman mit Verlaub grot-ten-schlecht. Und dass Carmen regelmäßig die Frechheit besitzt, den Sportteil der Zeitung in die Papiertonne zu schmeißen, bevor ich ihn überhaupt in die Finger bekommen habe, ist einfach bodenlos, was die Frau da macht. Bo-den-los. Dabei habe ich es ihr bestimmt schon hundertmal gesagt. Hun-dert-mal. Aber sie lernt es einfach nicht. Sie lernt-es-nicht. Doch du ahnst nicht, wer mir letztens bei Kaufland über den Weg gelaufen ist. Ahnst-es-nicht.

So dient der niederrheinische Dreisatz in der Tat dazu, allen wesentlichen Gefühlsvorkommnissen adäquaten Ausdruck zu verleihen. Und ich finde, diese hohe Kunst, Entscheidendes nicht in langatmigen Ausführungen, die sowieso kein Schwein interessieren, zu zerreden, sondern in prägnanter triadischer Pointierung auf den Nenner zu bringen, also ich finde das – da wiederhole ich mich gerne – einfach immer wieder … sa-gen-haft.

Quellennachweis

Folgende Texte sind früheren Bänden entnommen:

Niederrheinische Miniatur, Am Niederrhein, Der Mythos Niederrhein, Duisburg nebenan, Niederrheinischer Trost aus: Okko Herlyn, Blues in Grün. Wortlaut vom Niederrhein und anderswoher, Duisburg (Gilles & Francke Verlag) 1992, 2. Auflage 2000

Windjahre, Geheimnis einer Landschaft, Dazwischen, Im Banne der Schranke, Duisburg, späterer Sonntag aus: Okko Herlyn, Niederrheinische Gottheit mit zwei Buchstaben, Duisburg (Gilles & Francke Verlag) 1995, 2. Auflage 1997

Wo müssense hin?, Klare Verhältnisse, Am Anfang war's nur ein Gerücht, Man kannet au übertrei'm aus: Okko Herlyn, Hoffnungslos heimatlich. Vom Niederrhein und anderen Handgreiflichkeiten, Duisburg (Mercator-Verlag) 2001

Texte und Lieder dieses Buches sind zu hören auf der CD: Okko Herlyn, Kopf trifft Weide. Näheres vom Niederrhein (www.medienverband.de)